ABC DO CONCÍLIO VATICANO II

Antonio José de Almeida

ABC DO
CONCÍLIO VATICANO II

Dados Internacionais de Catalogação na Publicação (CIP)
(Câmara Brasileira do Livro, SP, Brasil)

Almeida, Antonio José de
  ABC do Concílio Vaticano II / Antonio José de Almeida. – São Paulo : Paulinas, 2015. – (Coleção Jesus mestre)

  ISBN 978-85-356-3914-8

  1. Concílio Vaticano (2.: 1962-1965) – História 2. Documentos oficiais 3. Ecumenismo 4. Igreja Católica – História – Século 20 5. Teologia I. Título. II. Série.

15-03170   CDD-262.52

Índice para catálogo sistemático:
  1. Concílio Vaticano 2º: História   262.52

Direção-geral: *Bernadete Boff*
Editores responsáveis: *Vera Ivanise Bombonatto*
e Antonio Francisco Lelo
Copidesque: *Ana Cecilia Mari*
Coordenação de revisão: *Marina Mendonça*
Revisão: *Sandra Sinzato*
Gerente de produção: *Felício Calegaro Neto*
Projeto gráfico: *Manuel Rebelato Miramontes*
Diagramação: *Jéssica Diniz Souza*

1ª edição – 2015

Nenhuma parte desta obra poderá ser reproduzida ou transmitida por qualquer forma e/ou quaisquer meios (eletrônico ou mecânico, incluindo fotocópia e gravação) ou arquivada em qualquer sistema ou banco de dados sem permissão escrita da Editora. Direitos reservados.

Paulinas
Rua Dona Inácia Uchoa, 62
04110-020 – São Paulo – SP (Brasil)
Tel.: (11) 2125-3500
http://www.paulinas.org.br – editora@paulinas.com.br
Telemarketing e SAC: 0800-7010081
© Pia Sociedade Filhas de São Paulo – São Paulo, 2015

SUMÁRIO

Introdução 7

Capítulo I. O que é um concílio? 9
    1.1 O termo "concílio" 9
    1.2 Concílio em sentido teológico 9
    1.3 Dos concílios particulares aos concílios gerais 10
    1.4 Quais concílios são ecumênicos? 11
    1.5 Três tipos fundamentais de concílios ecumênicos 11
    1.6 Os concílios que a Igreja católica considera ecumênicos 13
    1.7 Concílios são eventos extraordinários 15

Capítulo II. Um concílio para situar a Igreja num mundo novo 17

Capítulo III. Contexto histórico em que nasceu a ideia de um concílio 23
    3.1 A caminho de uma nova ordem 23
    3.2 Defesa da "Cristandade" e adaptações ao novo mundo 24
    3.3 Movimentos de reforma e renovação 25

Capítulo IV. O anúncio inesperado e a preparação 29
    4.1 A fase antepreparatória: consulta ampla e aberta 30
    4.2 A fase preparatória: as comissões pré-conciliares em ação 31

Capítulo V. Os diferentes sujeitos do Concílio 35

Capítulo VI. A solene celebração de abertura 39

Capítulo VII. Três anos de intenso trabalho 43
    7.1 Primeira sessão: passos decisivos 43
    7.2 Segunda sessão: os primeiros dois documentos aprovados 47
    7.3 Terceira sessão: a concentração eclesiológica do Vaticano II 48
    7.4 Quarta sessão: o fundamento, os interlocutores
        e os sujeitos da missão 49
    7.5 As celebrações conclusivas 50

Capítulo VIII. Os dezesseis documentos 53

Capítulo IX. Igreja e sociedade no Vaticano II 61
    9.1 Na Constituição pastoral *Gaudium et spes* 61
    9.2 Em outros documentos conciliares 65

Capítulo X. "Pérolas" do tesouro do Concílio 69

Conclusão 85

Bibliografia complementar 87

INTRODUÇÃO

De 11 de outubro de 1962 a 8 de dezembro de 1965, celebrou-se o Concílio Ecumênico Vaticano II, que aprofundou especialmente o tema da natureza da Igreja e sua missão no mundo contemporâneo. Neste ano de 2015, celebra-se, portanto, o 50º aniversário de seu encerramento. Para os senhores como eu, ontem; para os jovens, no mínimo no século XIX!

Inaugurado por João XXIII e encerrado por Paulo VI, o Concílio mudou a face da Igreja Católica e o perfil de suas relações com as outras Igrejas e comunidades cristãs, com as outras religiões, com as diversas culturas, com os homens e as mulheres de todos os perfis.

O Concílio foi um evento tão extraordinário e encerra um patrimônio tão rico e complexo de ideias, provocações, propostas, ensinamentos, estímulos, que seu conhecimento e sua recepção estão muito longe de se esgotarem. Como dizia o cardeal Carlo Maria Martini, arcebispo de Milão, "o Concílio está sempre adiante de nós".

Na verdade, muitos, mesmo entre as pessoas ativas e corresponsáveis em viver a vida cristã em forma eclesial e em levar adiante, a partir de seu lugar, carisma e condição na Igreja e na sociedade, ainda não conhecem ou conhecem muito pouco ou de forma nem sempre adequada o Concílio Vaticano II. Muitos se referem ao Concílio por ouvir falar; outros, tendo tido a graça de ser introduzidos no seu evento e em seus documentos, em seu espírito e em sua letra; alguns – e estes são nossos mestres e guias – fizeram dele seu livro de cabeceira, sua bússola, sua referência teológica e pastoral, sua vida, sua morte.

Como numa grande assembleia eucarística, os bispos colocaram-se à escuta da palavra de Deus e à leitura dos sinais dos tempos, para poderem dizer, na linguagem do século XX, o Evangelho testemunhado e proclamado, uma vez por todas, pelo Senhor Jesus, que é o mesmo ontem, hoje e sempre (Hb 13,8), de modo a capacitar a Igreja destes tempos que se chamam "hoje" a estabelecer com o mundo o dramático "diálogo da salvação".

"*Tantum aurora est!*" [é somente o alvorecer], disse, em mais de uma ocasião, o Papa João XXIII. O dia esperado apenas começou. Os ares da primavera fadigam a dissolver as crostas de gelo que impedem ou prejudicam o regar a terra, o germinar das sementes, o explodir da vida, o colorir dos campos, o fecundar das flores, os frutos, a colheita, a mesa farta do pão compartilhado, do vinho da alegria, da vida em plenitude. Mas a aurora não pode não trazer o dia, pondo tudo em marcha, alimentando a esperança do novo, a corrida atrás dos sonhos, a conquista do melhor, em meios aos riscos dos ardis, dos perigos e dos fracassos. A promessa suscita a esperança; a esperança sustenta a busca.

Este modesto ABC quer prestar um serviço responsável, acessível e eficiente a pessoas e grupos, comunidades e instituições, da Igreja e da sociedade civil, que queiram ou busquem ou possam se motivar a conhecer um pouco mais profundamente e um pouco mais amplamente o Concílio Ecumênico Vaticano II.

Este *ABC do Concílio Vaticano II* aborda dez temas organizados em outros tantos capítulos: O que é um concílio (I); O propósito do Vaticano II (II); O contexto histórico que o tornou possível (III); O anúncio inesperado e o processo de preparação (IV); Os sujeitos do Concílio (V); A abertura do Concílio por João XXIII (VI); As quatro sessões conciliares e seus resultados (VII); Os dezesseis documentos do Concílio (VIII); Igreja e sociedade no Vaticano II (IX); Uma seleção de "pérolas" do tesouro conciliar (X).

Fazemos votos que essas dez lâmpadas ajudem nossos leitores e leitoras a conhecer mais e melhor o Vaticano II, e que este "novo Pentecostes" possa iluminar e fortalecer seus passos na fascinante, mas nem por isso menos dura caminhada da Igreja nestes primeiros anos do século XXI.

CAPÍTULO I
O QUE É UM CONCÍLIO?

Antes de entrarmos no estudo do Vaticano II, é importante termos alguma clareza sobre o que é este evento e instituição que recebe o nome de concílio: qual o sentido da palavra "concílio"; qual seu sentido teológico em contexto cristão; quando surgiram os concílios, especialmente os gerais ou ecumênicos; o que diferencia um concílio ecumênico de um concílio particular; quais os concílios que a Igreja Católica considera ecumênicos.

1.1 O termo "concílio"

A palavra "concílio" vem do latim *concilium*. Antes de ser usada pela Igreja, no mundo romano significava "união", "vínculo", "conjunção", e também "reunião", "assembleia". O termo "concílio" gerou o verbo "conciliar" – uma ação – e um resultado – conciliação, ou seja, um acordo, uma resolução dos contrastes. Concílio, neste sentido, tem a ver com uma situação ou clima que, não podendo continuar, sob pena de se romper a unidade querida por todos, desperta a ideia de uma reunião visando à união.

1.2 Concílio em sentido teológico

Indo mais fundo, convém lembrar que *"con-cilium"* vem de *"con-kal-ium"* (o verbo correspondente é *"concalare"*), que, por sua vez, remete a *"kaléo"*, que significa convocar (*"con-vocare"*). Lembra igreja, *ekklesía* em grego, *ecclesia* em latim, assembleia reunida e convocada por Deus. Igreja e concílio têm tudo a ver. Um concílio, em sentido teológico, torna presente a Igreja toda, que, em assembleia – nutrida pela Palavra e pelo Pão – se põe a serviço daquela comunhão que o Pai, através do Filho, no Espírito Santo, convoca e plasma como povo de Deus, corpo de Cristo, templo do Espírito, a serviço do Reino até que ele venha.

Em grego, se diz "sínodo", palavra composta de *"syn"* (= com) e *"odós"* (= caminho), que significa caminhar juntos, buscar um caminho comum, juntar-se num caminho comum.

1.3 Dos concílios particulares aos concílios gerais

O Vaticano II insere-se na longa e rica tradição sinodal e conciliar da Igreja.

Os primeiros concílios foram celebrados no Oriente e falavam grego; por isso, são chamados indistintamente de sínodos.

Nos primeiros séculos, para enfrentar problemas comuns ou alguma questão mais grave numa ou mais Igrejas particulares, celebraram-se inúmeros concílios regionais.

No século IV, porém, para fazer frente à crise ariana, que colocava em risco a unidade do Império Romano, o imperador Constantino convocou o Concílio de Niceia (325), que, contra Ário e seus seguidores, definiu o dogma da divindade de Cristo. Este foi o primeiro de uma série de eventos chamados e reconhecidos como concílios ecumênicos ou gerais.

Ao longo da história, os concílios ecumênicos não foram uniformes quanto à convocação, à direção e à confirmação por parte do papa, bem como quanto ao direito de participação e convite estendido a todos os bispos (ou aos bispos diocesanos). A variação desses critérios "indica a mudança seja da eclesiologia, seja da realidade e da estrutura da Igreja, bem como a constante mudança das relações entre Igreja e 'mundo'".[1]

Segundo *Lumen gentium* 22, concílio é o órgão mediante o qual o colégio dos bispos exercita de maneira solene o supremo poder sobre toda a Igreja.[2]

Pela legislação canônica atual, compete "unicamente ao Romano Pontífice convocar o Concílio Ecumênico, presidi-lo por si ou por outros, como também transferir, suspender ou dissolver o Concílio e aprovar seus decretos" (cân. 338, § 1), "determinar as questões a serem tratadas no Concílio e estabelecer o regimento a ser nele observado" (cân. 338, § 2). "Todos e

---

[1] Cf. K. SCHATZ. *Storia dei concili. La Chiesa nei suoi punti focali*, Bologna, EDB, 1999.
[2] Cf. CIC, cân. 337, § 1.

somente os bispos que são membros do Colégio dos Bispos têm o direito e o dever de participar do Concílio Ecumênico com voto deliberativo" (cân. 339, § 1), embora "alguns outros que não têm a dignidade episcopal" possam ser convocados pelo papa, que também determinará "a função deles no Concílio" (cân. 339, § 2). Por fim, "os decretos do Concílio Ecumênico não têm força de obrigar, a não ser que, aprovados pelo Romano Pontífice junto com os padres conciliares, tenham sido por ele confirmados e por sua ordem promulgados" (cân. 341, § 1).

1.4 Quais concílios são ecumênicos?

A esta pergunta, complexa e intrincada, os católicos, os orientais e os protestantes não dão a mesma resposta.

Católicos e orientais consideram ecumênicos os sete concílios gerais da Igreja indivisa. Foram celebrados conjuntamente pelo Oriente e Ocidente e são conjuntamente reconhecidos pela Igreja católica e pela Igreja ortodoxa. Vão de Niceia I (325) a Niceia II (787). Além desses, os ortodoxos consideram ecumênicos Constantinopla VII (que, na lista deles, é considerado Constantinopla IV) e Constantinopla VIII (na lista deles, Constantinopla V). Em relação ao segundo milênio, a ortodoxia considera impossível a celebração de um concílio ecumênico antes da unificação entre a Igreja oriental e a ocidental. Os protestantes, com Martinho Lutero, reconhecem os primeiros quatro sínodos (Niceia, Constantinopla I, Éfeso, Calcedônia) como concílios principais.[3]

1.5 Três tipos fundamentais de concílios ecumênicos[4]

Os concílios chamados ecumênicos assumiram diversas formas nas várias épocas históricas. São expressões de uma teologia e de uma eclesiologia ligadas a determinado contexto histórico, cultural, religioso, eclesial.

---

[3] Vale lembrar que a Igreja assíria reconhece como ecumênicos só os primeiros dois concílios gerais (Niceia I e Constantinopla I); as Igrejas ortodoxas orientais (também chamadas Igrejas orientais antigas) aceitam só Niceia I, Constantinopla I e Éfeso; a Igreja cristã ortodoxa e os veterocatólicos, só os primeiros sete concílios gerais.

[4] K. SCHATZ, op. cit., p. 13.

Diz um especialista de primeira linha: "A expressão 'concílio ecumênico' não indica uma realidade igual sob todos os aspectos, mas uma realidade muito diversa nas diversas épocas. Simplificando, pode-se dizer que se dão três tipos de concílios estruturalmente diversos, os quais exprimem, sobretudo, a diversa relação da Igreja em relação ao 'mundo'".[5]

Esses três tipos muito diversos entre si de concílios são: os concílios imperiais da Antiguidade; os concílios medievais da Cristandade ocidental; os concílios da Igreja confessional católica.

Concílios imperiais da Antiguidade (séculos IV-VIII) são os sete da Igreja indivisa. Celebrados conjuntamente pelo Oriente e pelo Ocidente, têm três características: o imperador romano (do Oriente) tem um papel importante (muitas vezes, ele próprio convoca um concílio); participam fisicamente os bispos do Oriente, enquanto, do Ocidente, fazem-se presentes só os legados do papa; seu ponto de referência é Constantinopla ou cidades próximas a ela. Desses sete, os primeiros quatro são fundamentais porquanto definem a profissão de fé (credo), precisando a reta fé (ortodoxia) e rechaçando interpretações parciais ou errôneas (heresias) em relação a Cristo e à Trindade.

Concílios medievais da Cristandade ocidental são os celebrados, entre os séculos XIII e XV, depois da ruptura com o Oriente (1054). Limitados à Igreja ocidental, assumem duas formas: concílios gerais (ou papais), da alta Idade Média, e concílios "de união e de reforma". Concílios papais foram: Latrão I (1123); Latrão II (1139); Latrão III (1179); Latrão IV (1215); Lião I (1245); Lião II (1274); Vienne (1311-1312). Depois da crise do papado avinhonês (1309-1377) e do Cisma do Ocidente, que se estendeu por cerca de quarenta anos – de 1378 a 1417 –, reuniram-se os chamados concílios "de união e de reforma". São: Concílio de Constança (1414-1418), Florença (1439-1445).

Concílios da Igreja confessional católica são os concílios da época Moderna. Depois da Reforma Protestante, os concílios ecumênicos não são mais assembleias de toda a Igreja do Ocidente, mas tão somente da Igreja católica. São: Trento (1545-1563), Vaticano I (1869-1870) e Vaticano II (1962-1965).

---

[5] Ibid., p. 13.

1.6 Os concílios que a Igreja católica considera ecumênicos

"O magistério eclesiástico não estabeleceu, em modo explícito, quais sejam os concílios da Igreja católica que devem ser considerados ecumênicos, como indicaram, a seu tempo, Y. Congar e H. Jedin, e, em seguida, outros autores. Todavia, há – pelo menos no interior da Igreja católica – um consenso..."[6] Do ponto de vista da Igreja católica romana, habitualmente se contam vinte e um concílios ecumênicos:

– Niceia I (325), contra os arianos, proclama a divindade de Cristo;

– Constantinopla I (381), contra os macedonianos ou pneumatômacos, confessa a divindade do Espírito Santo e sua ação salvífica;

– Éfeso (431) afirma que Maria é verdadeiramente Mãe de Deus por ser mãe de Jesus, Filho de Deus feito homem;

– Calcedônia (451) condena o monofisismo e afirma a existência de duas naturezas, humana e divina, na única pessoa de Cristo;

– Constantinopla II (553) condena os "Três capítulos" (Teodoro de Mopsuéstia, Teodoreto de Ciro e Iba de Edessa), suspeitos de nestorianismo;

– Constantinopla III (680) condena o monotelismo e afirma a existência das duas vontades em Cristo; questão do Papa Honório I;

– Niceia II (787), contra os iconoclastas, sanciona e regulamenta a veneração das imagens;

– Constantinopla IV (869-870) depõe o patriarca de Constantinopla, Fócio, e reafirma a primazia de Roma;

– Latrão I (1123) confirma a Concordata de Worms (1122) e encerra a luta pelas investiduras;

– Latrão II (1139) declara inválida a eleição de Anacleto II (1130-1138) e condena a simonia e o nicolaísmo;

– Latrão III (1179) põe fim a um cisma papal, baixa o decreto *Licet de vitanda* sobre a eleição papal (maioria de 2/3) e emana uma série de normas sobre a reforma da Igreja, especialmente em relação à pastoral;

---

[6] G. CALABRESE – Ph. GOYRET – F. PIAZZA (ed.). *Dizionario di eclesiologia*. Torino, Città Nuova, 2010, p. 334.

– Latrão IV (1215) condena os valdenses e os cátaros ou albigenses; confessa a Deus como criador das coisas visíveis e invisíveis, a plena humanidade de Jesus, o ordenamento salvífico sacramental visível da Igreja; transubstanciação eucarística; baixa normas para uma ampla e consistente reforma da Igreja; confissão e comunhão anual; encoraja as Cruzadas;

– Lião I (1245) depõe o imperador suevo Frederico II, disposto a estender a sua administração centralizada a toda a península italiana;

– Lião II (1274) restabelece uma união ilusória entre a Igreja do Ocidente e a Igreja do Oriente; promulga o decreto *Ubi periculum* sobre a eleição do papa pelo conclave;

– Vienne (1311-1312) suprime a Ordem dos Templários e baixa decretos de reforma;

– Constança (1414-1418) põe fim ao Cisma do Ocidente (1378-1417), elege o Papa Martinho IV, condena os reformadores John Wyclif e Jan Hus, emana uma série de decretos de reforma;

– Basileia – Ferrara – Florença – Roma (1431-1445) tratam, respectivamente, da reforma da Igreja e da disputa sobre o poder máximo na Igreja, a união da Igreja (Ocidente e Oriente), a vitória do papa sobre o conciliarismo;

– Lateranense V (1512-1517) examinou e aprovou notável quantidade de normas e leis visando à reforma da Igreja;

– Trento (1545-1563) enfrenta os problemas doutrinais e pastorais colocados pelos reformadores, sobretudo Lutero, emana uma série de decretos doutrinais e disciplinares, transformando e estruturando o rosto e a imagem da Igreja católica, imprimindo direção e forma a toda uma época da história da Igreja, justamente a chamada "época (pós)-tridentina";

– Vaticano I (1869-1870) discute a natureza da fé e da razão, suas respectivas prerrogativas e suas relações; define o primado universal do papa e a infalibilidade papal;

– Vaticano II (1962-1965) atribui-se a tarefa de renovar a vida da Igreja em todas as suas expressões, apelando-se, para tanto, ao Evangelho e a toda a tradição da Igreja e, ao mesmo tempo, a de pautar, sobre novas bases, as relações da Igreja com o mundo contemporâneo.

1.7 Concílios são eventos extraordinários

Os concílios são convocados em momentos de grave crise ou de grandes transformações. De modo geral, têm um objetivo muito preciso: refutar e condenar correntes doutrinais ou práticas bem configuradas na sua formulação, senão – ao menos na mesma medida – em seus autores ou fautores. Niceia é convocado para condenar o arianismo (Ário); Éfeso, para condenar o nestorianismo (Nestório); Calcedônia, para condenar o monofisismo (Êutiques); Trento, para dar uma resposta à Reforma; o Vaticano I, contra o racionalismo e o galicanismo. E o Vaticano II?

CAPÍTULO II
UM CONCÍLIO PARA SITUAR A IGREJA NUM MUNDO NOVO

Na metade do século XX, qual a grave crise que a Igreja devia enfrentar que só um concílio podia estar-lhe à altura? Do ponto de vista estritamente técnico, não havia nenhuma crise dogmática, jurídica, de política eclesiástica interna ou de política externa. Também não havia necessidade de uma particular reforma *"in capite et in membris"*, como se dizia na Idade Média, uma vez que a situação da Igreja não podia nem de longe se comparar com aquelas em que, em séculos passados, de todos os lados, se reclamava por reforma, e o apelo, geralmente, caía no vazio: ou porque não se convocava um concílio de reforma ou porque não se executavam suas decisões.

A crise, na verdade, era muito mais ampla e profunda. Abrangia todos esses âmbitos e não se esgotava nem em sua totalidade nem em alguma de suas partes; era uma crise epocal, que se vinha arrastando de muito longe, acumulando sérios problemas e pseudoenfrentamentos. Apesar de não parecer necessária a convocação de um concílio, a convocação do Vaticano II "respondia a uma exigência objetiva, vinha ao encontro de um mal-estar difuso em vastos setores do mundo eclesiástico e secular, em amplos círculos da Igreja".[1]

A crise que a convocação inesperada de um concílio por João XXIII mal deixava transparecer, na verdade, vinha de muito longe. Compendiava elementos díspares que foram dando à Igreja uma conformação histórico-social que, mesmo nos momentos de grande vitalidade, acabava por esconder seu verdadeiro rosto e dificultar a comunicação do Evangelho. Destacam-se os seguintes:

---

[1] G. MARTINA. Il contesto storico in cui è nata l'idea di un nuovo concilio ecumênico. In: R. LATOURELLE (ed.). *Vaticano II, Bilancio e prospettive. Venticinque anni dopo. 1962/1987*, Assisi, Cittadella, 1987, p. 28.

– A "virada clerical": a partir do século III, tem início uma insistente valorização teológica e institucional do clero e uma correspondente desvalorização teológica e institucional dos leigos e leigas: à medida que cresce a autoridade do bispo e dos presbíteros, com traços de "divinização", o leigo torna-se uma figura submissa e passiva.[2]

– A liberdade religiosa e as tentações da Igreja: o imperador romano Constantino declara, em 313, "o livre poder de seguir a religião que cada um quisesse aos cristãos e a todos".[3] O cristianismo é equiparado juridicamente aos cultos pagãos, reconhecido como "religião lícita", capaz de receber benefícios do Estado; o clero passa a gozar de um *status* que até então só possuíam os sacerdotes pagãos.[4] O Edito de Milão constitui uma daquelas decisões que reorientam a história: "tem um significado epocal porque marca o *initium libertatis* [início da liberdade] do homem moderno".[5] Segundo alguns, porém, um "início fracassado, uma vez que, nas relações entre Estado e Igreja, logo surgiram duas tentações recíprocas: para o Estado, a de usar a Igreja como *instrumentum regni* [instrumento do poder] e, para a Igreja, a de utilizar o Estado como *instrumentum salvationis* [instrumento de salvação].[6]" Neste sentido, teria razão Dante e, não, às vezes, sem exagero, os críticos do imperador: "Ahi, Costantin, di quanto mal fu matre, non la tua conversion, ma quella dote che da te prese il primo ricco patre!" (Ah, Constantino, de quanto mal foi mãe, não a tua conversão, mas aquele dote que recebeu de ti o primeiro rico pai"[7] [o Papa Silvestre].

---

[2] Textos fundamentais, neste sentido, são, sobretudo, os chamados "escritos pseudoclementinos" (fim do século II e início do século III), a Didascália dos apóstolos (últimas décadas do século III) e as Constituições apostólicas (fim do século IV) (cf. A. FAIVRE. *Les laïcs aux origines de l'Église*. Paris, Centurion, 1974).

[3] Cf. CENTRO CULTURALE CATTOLICO SAN BENEDETTO (dir.), 313. *L'Editto di Milano. Da Constantino ad Ambrogio, um cammino di fede e libertà*. Milano, San Paolo, 2013, p. 58.

[4] Cf. AA. VV. *Costantino I. Enciclopedia costantiniana sulla figura e l'immagine dell'imperatore del cosidetto editto di Milano*. 313-2013, Roma, Istituto dell'Enciclopedia Italiana, 2013; A. TORNIELLI – A. GIANELLI. *Costantino e i cristiani. L'Editto di Milano e la libertà religiosa*. Cantagalli, 2013.

[5] G. LOMBARDI. *Persecuzioni, laicità, libertà religiosa. Dall' Editto di Milano alla "Dignitatis humanae"*, Roma, Studium, 1991, p. 128.

[6] A. SCOLA. Dall'Editto di Milano una nuova storia per la fede. In: Avvenire.it (6 de dezembro de 2012).

[7] DANTE ALIGHIERI. *Divina Commedia*, Inferno, Canto XIX.

– De religião perseguida a "religião oficial": a declaração do cristianismo, pelo Edito de Tessalônica (381), religião oficial do Império romano – mesmo que metade de seus habitantes ainda fosse constituída de pagãos, que passam a ser perseguidos e a ver seus templos destruídos –, representou uma reviravolta institucional, para a Igreja, de proporções gigantescas: de lícita a oficial, com todos os privilégios implicados nessa nova situação.

– Dois gêneros de cristãos: embora a expressão só tenha aparecido muitos séculos depois (Decreto de Graciano, 1140), o novo *status quo* significou também maior acentuação, por parte do clero (e, posteriormente, dos monges), da própria separação e distância da vida ordinária dos cristãos, fazendo do clero uma categoria social à parte: cultura, privilégios, imunidades e vantagens; estado civil e veste particular; tonsura etc.

– O longo "regime de Cristandade": "A Igreja, enquanto sociedade pública de direito divino, enquanto organização do verdadeiro culto, ou ainda enquanto ortodoxa, chega a uma situação privilegiada, primeiro no direito público do império, e, mais tarde, nos reinos bárbaros cristianizados".[8]

– A separação entre fiéis e clero no culto: verifica-se crescente discrepância entre práticas populares e liturgia oficial, devida, fundamentalmente, a uma evangelização muitas vezes fragmentária e superficial e ao progressivo estranhamento da liturgia em relação à vida e à cultura das pessoas: já no século VIII, "a compreensão do latim litúrgico torna-se cada vez mais difícil para os fiéis, e se tornam sempre mais evidentes os sinais de uma ruptura entre a Liturgia que os sacerdotes celebram e a comunidade dos fiéis (...)".[9]

– O cisma entre Oriente e Ocidente: embora geralmente se considere o século XI como o início do cisma – consubstanciado na excomunhão de Miguel Cerulário por parte dos legados pontifícios, e, reciprocamente, na excomunhão do papa por Miguel Cerulário, no ano de 1054 –, os mal-entendidos, a desconfiança, a rivalidade e as diferenças (linguísticas, culturais, espirituais, teológicas e políticas) vinham se acumulando desde muitos séculos.[10]

---

[8] Y. CONGAR. Leigo. In: H. FRIES (ed.). *Dicionário de Teologia. Conceitos fundamentais da teologia atual*. São Paulo, Loyola, 1970, p. 130.
[9] Ibid., p. 131.
[10] CF. C. O'DONNELL – S. PIÉ-NINOT. *Diccionario de eclesiología*. Madrid, San Pablo, 2001, p. 513.

– Delírios de poder universal: no auge da disputa entre papa e imperador pela supremacia em relação à Cristandade medieval, assiste-se à afirmação de uma autoridade universal do papa não só sobre a cristandade, mas sobre todo o mundo: o *Dictatus papae* de Gregório VII (1075); a bula *Unam sanctam* de Bonifácio VIII (1302).

– Reforma Católica, Reforma Protestante, Contrarreforma: se, pelo cisma do Oriente, a Cristandade ocidental perdera seu pulmão pneumático, místico, a negligência em atender aos reclamos de reforma da Igreja que vinham de todos as partes levou ao maior trauma que a unidade da Igreja sofreu em toda a sua história: o cristianismo ocidental se viu (século XVI) dividido entre católicos e protestantes.

– Evangelização e colonização: as grandes descobertas dos séculos XV e XVI foram seguidas por processos de conquista, colonização e evangelização dos habitantes do Novo Mundo, de modo geral, agressivamente desrespeitosos das pessoas, dos povos e de suas culturas.

– "Guarda a tua espada" (Jo 18,11): projetos e práticas institucionais profundamente questionáveis como as Cruzadas (pense-se na Quarta), a Santa Inquisição, o processo aos templários, a caça às bruxas, o tráfico das indulgências, a queima de Giordano Bruno, o caso Galileu deixaram marcas e memórias difíceis de apagar na história do cristianismo europeu.

– A Igreja e os desafios da Modernidade: o progressivo estranhamento e enfrentamento entre a Igreja e o mundo moderno (que tem suas raízes nas profundas transformações dos séculos XI e XII e no Humanismo, passando pelos grandes descobrimentos e a Reforma; que se caracteriza pela consciência da independência, da seriedade intrínseca e, portanto, da autonomia do mundo humano e terrestre, por uma laicização da existência: antes de tudo, a política; depois, a cultura e as ciências, as técnicas de domínio da natureza, a organização da sociedade, e até mesmo o campo da caridade – que, no século XVIII, transforma-se em "beneficência", "filantropia" – e, em certo sentido, o da moral; a crítica filosófica à fé e à Igreja; a crítica histórica e bíblica etc.), resultando em que "pela primeira vez na história a Igreja encontre-se, portanto, diante de um mundo plenamente 'mundo'".[11]

---

[11] Y. CONGAR. Leigo. In: H. FRIES (ed.). *Dicionário de Teologia. Conceitos fundamentais da teologia atual.* São Paulo, Loyola, 1970, p. 133.

– Igualdade, liberdade, fraternidade: desencontros funestos entre a Igreja e a sociedade moderna, de peso material e simbólico duradouro, como foram, por exemplo, a Igreja e a Revolução francesa, a Igreja e a Revolução industrial, a questão operária, a Igreja e a Unificação italiana etc. No século XVIII, este desencontro chega ao seu auge, com o Iluminismo e a Revolução francesa.

– A *Mirari vos* de Gregório XVI: este papa, em duas ocasiões, empregou tropas austríacas para sufocar rebeliões nos Estados pontifícios; opôs-se à formação da república italiana, à liberdade de consciência, à liberdade de imprensa e à separação entre Igreja e Estado; condenou e proibiu o uso de ferrovias nos Estados pontifícios; proibiu os postes de iluminação pública, para evitar que as pessoas se reunissem para conspirar contra as autoridades. Sua encíclica *Mirari vos* (15 de agosto de 1832) condenou as ideias de liberdade de consciência, liberdade de imprensa e separação entre Igreja e Estado.

– O *Syllabus* de Pio IX: a Igreja – particularmente o papado – parece sitiada por todos os lados: a Itália está prestes a constituir-se, não obstante e contra o papa, e quer, a qualquer custo, Roma; as relações internacionais da Santa Sé não são das melhores com nenhuma potência da época; a fé se vê agredida por todos os lados; filósofos e cientistas consideram-na uma ilusão e contestam toda possibilidade de revelação e de transcendência; pesquisam a vida de Jesus com critérios "científicos" e modernos; contrapõem o Jesus da história ao Cristo do dogma eclesial; católicos contestam abertamente o próprio princípio da autoridade pontifícia. Nesta situação, a encíclica *Quanta cura*, de 8 de dezembro de 1864, de Pio IX, mas, sobretudo, seu anexo *Syllabus errorum* – oitenta erros ao todo! – (DH 2901-2980) soam como uma verdadeira declaração de guerra contra "todos os aspectos da grande revolta da humanidade contra os dogmas e os direitos do cristianismo".

Como se pode ver, não havia uma crise específica para a Igreja enfrentar num eventual concílio, mas um acúmulo multissecular de situações que prejudicavam ou até mesmo impediam um relacionamento adulto entre a Igreja e a sociedade (sobretudo a europeia) e uma comunicação genuína do Evangelho.

CAPÍTULO III
CONTEXTO HISTÓRICO EM QUE NASCEU A IDEIA DE UM CONCÍLIO

A Igreja vive e exerce sua missão no mundo, na sociedade, na história. Dá-se uma relação complexa entre os dois âmbitos. Evidentemente, do ponto de vista social e institucional, a sociedade é o contexto maior e, como tal, ao mesmo tempo possibilita, condiciona e limita a existência e a ação da Igreja. A Igreja, porém, não é absorvida nem determinada pelo contexto em que está. Tem doutrina, ritos, corpo diretivo específicos que interagem com o ambiente social maior. Age a partir da representação que tem de si (autocompreensão) e das representações que faz dos seus interlocutores. Por isso, para podermos analisar de forma adequada um fato eclesial, é imprescindível situar este fato não só no contexto eclesial, mas, não menos, no contexto social e histórico, mais ou menos amplo, em que a Igreja está dinamicamente inserida. Pois bem: qual o contexto social e eclesial em que surge e amadurece a ideia de um concílio não só como "uma flor de inesperada primavera", mas também como uma obra de "renovação geral" ou de *aggiornamento*, nas palavras de seu idealizador, o Papa João XXIII?

3.1 A caminho de uma nova ordem

Com um ritmo crescente a partir do fim da Segunda Guerra Mundial (1939-1945), três fatores impulsionam a sociedade contemporânea – especialmente no Ocidente – na direção de uma estrutura global, uma mentalidade, um modo de ser e um clima espiritual profundamente diferentes do que prevaleceu do fim do século XIX aos anos 20-40 do século XX: a) a *ascensão do chamado Terceiro Mundo*, que se liberta (na Ásia e na África) do domínio colonial e tende a impor sua cultura e seus valores próprios; b) a *segunda industrialização*, que, graças às novas descobertas científicas e às suas aplicações técnicas, transforma rapidamente países agrícolas em países industriais, com todas as conhecidas consequências: migração, aceleração da urbanização, nascimento de metrópoles e megalópoles, predomínio da economia de mercado e da racionalidade econômica; 3) o surgimento de *novas estruturas sociais e de uma nova cultura*: muda a vida individual, familiar e social; impõe-se um novo ritmo e um novo estilo de vida; começa a delinear-se um novo modelo de família; vai ficando para trás o tempo em que a Igreja podia ser ouvida quando pronunciava diretrizes no campo econômico, político, social e mesmo estritamente moral; valores como o altruísmo, o compromisso, o espírito religioso são considerados conceitos aplicáveis só na esfera individual, a partir da avaliação e da opção do sujeito.

3.2 Defesa da "Cristandade" e adaptações ao novo mundo

O pontificado de Pio XII (1939-1958) é atravessado por uma tensão – por vezes quase um dilaceramento – entre o *status quo ante* e o "novo" que batia com veemência à porta.

Por um lado, não se consegue desembaraçar da "Cristandade" agonizante. Dois gestos, entre outros, são simbólicos desta última defesa da "Cristandade": a assinatura da concordata com a Espanha do generalíssimo Franco (27 de agosto de 1953) e a recusa dos sacramentos a quem votasse para o Partido Comunista (30 de junho de 1949). A concordata com a Espanha repetia – a uma distância de várias décadas e numa situação bem diversa – um princípio que a Igreja buscava manter, onde possível, nas concordatas do século XIX e do início do século XX: "A religião católica, apostólica, romana continua a ser a única religião da nação espanhola, e gozará dos direitos e das prerrogativas que lhe cabem em conformidade com a lei divina e o direito canônico" (art. 1). A recusa dos sacramentos a quem votasse no Partido Comunista respondia às preocupações de muitos sacerdotes italianos, às aspirações de vários bispos, à mentalidade então dominante em amplos setores da cúria vaticana, tendo como expoente mais conhecido Alfredo Ottaviani – então assessor do Santo Ofício – mas também à situação histórico-política do momento, com a guerra fria e o avanço do comunismo na Europa oriental, na China e em países recém-independentes. Além de ineficaz, a decisão vaticana contribuiu para aumentar "muros históricos" entre os católicos em tudo obedientes ao papa e às suas diretrizes, também no campo político, e os que não se sentiam obrigados a respeitar, em matéria política, suas diretrizes. Pode-se "tocar com a mão", a partir destes e de outros tantos episódios, "a tensão daqueles anos, a aspereza das polêmicas, a dureza da luta sustentada pela Igreja em defesa da Cristandade, o seu mais que duvidoso êxito final, o clima geral dominante no Vaticano, que acabava por pesar sobre a Igreja inteira (...)".[1]

Por um lado, deve-se reconhecer o alcance positivo do magistério deste grande pontífice, como as encíclicas *Mystici corporis, Divino afflante Spiritu, Mediator Dei*, as radiomensagens natalinas durante e depois da Guerra, vários de seus discursos sobre questões de atualidade, várias iniciativas pastorais: o reconhecimento do método Ogino-Knaus, a introdução das missas vespertinas, a mitigação – praticamente abolição – do jejum eucarístico, a restauração da vigília pascal; medidas inovadoras de política eclesiástica: o encorajamento aos institutos seculares, o reconhecimento dos ritos chineses, a criação de hierarquias locais em todas as missões (resultando em 139 circunscrições confiadas a pastores africanos e asiáticos; o primeiro cardeal chinês) e de política mundial: o reconhecimento, pela primeira vez na história (radiomensagem do Natal de 1955), da legitimidade das aspirações à independência das antigas colônias; a despeito da polêmica ainda aberta sobre sua não condenação pública do nazismo, seu empenho para salvar a vida de milhares e milhares de perseguidos em virtude da sua raça ou religião.[2]

3.3 Movimentos de reforma e renovação

A história da Igreja é pontilhada por um sem-número de tesouros espirituais, morais, culturais e intelectuais. Que se pense nos mártires que deram o mais convincente testemunho de fé; nos Padres da Igreja do Oriente e do Ocidente, a maioria deles bispos; nos grandes teólogos, dos alexandrinos e antioquenos, passando por gênios como Orígenes, Tertuliano, Agostinho, Tomás, Boaventura, até aquela extraordinária seara de teólogos do século XX e além; no fenômeno do monaquismo, nas ordens (Francisco, Domingos, Inácio) e congregações religiosas, tendo à frente suas santas e santos fundadores; nos santos e santas de todas as categorias, espiritualidades e feitios; nos papas

---

[1] G. MARTINA. *Contesto storico in cui è nata l'idea di um nuovo concilio ecumênico.* In: R. LATOURELLE (ed.). *Vaticano II, Bilancio e prospettive. Venticinque anni dopo.* 1962/1987, Assisi, Cittadella, 1987, p. 45.

[2] Cf. G. THOMAS, *Os judeus do papa.* São Paulo, Geração, 2014.

santos e sábios, que nunca deixaram de existir; nos santos e santas anônimos que não ganharam a glória dos altares, mas perderam a vida por causa do Senhor e do seu Evangelho. Que venham à memória todas as contribuições que a Igreja tem dado à humanidade, sobretudo aos mais vulneráveis. Pois bem. Graças a este legado histórico ímpar e aos novos impulsos que lhe dava o Espírito, a Igreja, justamente na metade do século XX, dispunha de todos os elementos necessários para percorrer o caminho de uma grande transformação.

Destaque especial merecem, neste sentido, os movimentos que, no interior de uma longa história de movimentos cristãos, floresceram nos séculos XIX e XX, e que constituem as vigas mestras da pré-história do Vaticano II:

– o *"movimento católico"* (sobretudo na Inglaterra, França e Itália), contra a condição de exclusão ou marginalização social, política e/ou cultural dos católicos;

– o *movimento social*, depois do início da Revolução industrial e do afirmar-se do Estado de direito, visando à melhoria das condições de trabalho e vida dos operários e operárias, e que contribuiu para as primeiras expressões do ensino social da Igreja (Leão XIII);

– o *movimento bíblico*, graças ao desenvolvimento da linguística, junto com outros métodos e técnicas, como a crítica textual, a compreensão das formas literárias, o método histórico e a arqueologia;

– o *movimento patrístico*, dedicado a um estudo intensivo dos Padres, facilitado pelas edições completas da *Patrologia latina* (1844-1855) e da *Patrologia graeca* (1857-1866) de J. P. Migne (1800-1875) e, mais tarde, das *Sources Chrétiennes* (desde 1942);

– o *movimento litúrgico*, que promoveu a edição e o estudo de textos litúrgicos primitivos, movidos por uma inquietação não só intelectual, mas profundamente pastoral;

– o *movimento missionário*, suscitado pelos desafios da evangelização não só nos então chamados territórios de missão, mas também nas sociedades em acelerada secularização e descristianização;

– o *movimento ecumênico*, visando à unidade dos cristãos, nascido no seio do protestantismo, em contexto missionário, e ao qual a Igreja católica oficialmente tardou em abrir-se (Santo Ofício, carta *Ecclesia Catholica*, 1949);

– o *movimento teológico*, que, desafiado pelo novo contexto sociocultural e alimentado pelos movimentos anteriores, empenha-se numa profunda renovação da elaboração teológica, especialmente na França, na Alemanha e na Bélgica;

– o movimento de *renovação eclesiológica*, iniciado por Möhler (1796-1838) na Alemanha, Newman (1801-1890) na Inglaterra e, posteriormente, assumido também por parte da Escola Romana (Perrone, Passaglia, Schrader, Franzelin, Scheeben);

– o *movimento laical*, difuso – mas, progressivamente, também organizado – num sem-número de iniciativas, grupos e associações, com o intuito de renovar a Igreja, de garantir sua presença e atuação no conjunto da sociedade e em seus diversos segmentos, com especial destaque para a Ação Católica;

– o *movimento comunitário*, que responde à necessidade de fugir ao individualismo religioso e social, inspirado nas comunidades cristãs dos primeiros séculos.

Não deveria parecer estranho a ninguém que esses movimentos – que, historicamente, constituem a energia social condutora e as vigas mestras da pré-história do Vaticano II –, ao lado de um fervor intenso de muitos por sua mística, intenções e ações, eram objeto também de muitas reservas, críticas e até mesmo de condenações por setores da Igreja, não por último a própria Santa Sé.

Lamentavelmente, de costas para o mundo, a Igreja se tornara um corpo estranho num mundo profundamente mudado. Era numerosa, poderosa, respeitada, mas agredida, incompreendida e, principalmente, não amada.

Surgia uma cultura que, da política à economia, da ciência à arte, do estilo de vida às convicções éticas, divergia do cristianismo oficial.

Aumentava o fosso, desde há muito, perigosamente grande, entre o clero e o povo, entre a Igreja e o mundo.

Despencava o número de católicos não praticantes: em Roma, por exemplo, no final do pontificado de Pio XII e à época de João XXIII, os praticantes não passavam de 3%. E entre os católicos praticantes, sobretudo os mais conscientes e instruídos, crescia o desejo de ser, ao mesmo tempo, católicos e modernos em termos de pensamento e de sentimentos.

Por toda parte, respirava-se um clima de reforma, de descentralização e de reconciliação com um mundo "contra o qual, por muito tempo, a Igreja tinha, erradamente, lançado ataques gerais, bem como [um clima de] exasperação diante de uma pressão da parte da Igreja, que, até então, havia marcado toda a vida dos católicos".[3]

Hans Urs von Balthasar (1905-1988), em 1952, fala – em resposta à *Humani generis* (Pio XII, 12 de agosto de 1950) – da urgente necessidade de abater os muros que separam e contrapõem Igreja e mundo moderno: *Schleifung der Bastionen* [derrubar as muralhas].

João XXIII, bom conhecedor da História, deu-se conta da crise, e, homem de Deus, colheu a hora da graça da inadiável transformação da Igreja, para que ela pudesse ter uma presença significativa e relevante neste tempo profundamente novo que João XXIII enxergava com argúcia e profunda confiança nos desígnios da Providência.

---

[3] O. H. PESCH. *Il Concilio Vaticano Secondo*, cit., p. 13.

CAPÍTULO IV
O ANÚNCIO INESPERADO E A PREPARAÇÃO

Na tarde do dia 25 de janeiro de 1959, em Roma, na sala capitular da abadia beneditina de São Paulo Fora dos Muros, aos fundos da basílica que lhe deu o nome, após a missa conclusiva da 51ª Semana de Oração pela Unidade dos Cristãos, diante de dezessete cardeais, João XXIII, após traçar um breve quadro da situação de Roma e do mundo, conclui:

> Esta constatação desperta no coração (...) uma resolução firme de apelar a algumas formas antigas de afirmação doutrinal e de sábios ordenamentos de disciplina eclesiástica, que, na história da Igreja, em época de renovação, deram frutos de extraordinária eficácia, pela clareza do pensamento, pela solidez da unidade religiosa, pela chama mais viva do fervor cristão. Pronunciamos diante de vós, certamente tremendo um pouco de comoção, mas, ao mesmo tempo, com humilde firmeza de propósito, o nome e a proposta da dupla celebração: um sínodo diocesano para a Urbe e um concílio geral para a Igreja universal.[1]

Essa consciência de responsabilidade da Igreja diante da situação da humanidade e das "exigências espirituais da hora presente",[2] João XXIII explicitará melhor na constituição apostólica *Humanae salutis* de convocação do Concílio:

> Enquanto para a humanidade surge uma era nova, obrigações de uma gravidade e amplitude imensas pesam sobre a Igreja, como nas épocas mais trágicas da sua história. Trata-se, na verdade, de pôr em contato com as energias vivificadoras e perenes do evangelho o mundo moderno: mundo que se exalta por suas conquistas no campo da técnica e da ciência, mas que carrega também as consequências de uma ordem temporal que alguns quiseram reorganizar prescindindo de Deus.[3]

---

[1] Cf. JOÃO XXIII. In questa festiva ricorrenza (25.1.1959). In: *AAS LI* (1959), p. 68.
[2] Cf. ibid., p. 65.
[3] JOÃO XXIII. Constituição apostólica *Humanae salutis* (25.12.1961). In: *AAS LIV* (1962), p. 6.

Os fatores que fizeram amadurecer, em João XXIII, a ideia de celebrar o Concílio como "a mais válida resposta colegial às expectativas" da Igreja e do mundo, na opinião do cardeal Capovilla, foram:

> o profundo conhecimento dos acontecimentos da Igreja, especialmente nos períodos cruciais das suas interiores transformações e evoluções; a consciência, teologicamente fundada, em modo particular, na leitura dos Padres, da corresponsabilidade colegial no governo da Igreja por parte de todo o episcopado e, de alguma maneira, de todo o povo de Deus; a fé certíssima e radical na assistência do Espírito Santo à sua Igreja, particularmente nos momentos de mais acentuada gravidade pastoral...[4]

4.1 A fase antepreparatória: consulta ampla e aberta

A Comissão antepreparatória foi criada por João XXIII no dia 17 de maio de 1959, solenidade de Pentecostes: dez membros, quase só italianos e romanos, representando todas as congregações da cúria. Sua tarefa era recolher material para a "preparação próxima" dos trabalhos conciliares, delinear os temas a serem tratados no Concílio e formular propostas para a composição dos órgãos responsáveis pela preparação propriamente dita. Aparentemente, seguiam-se os moldes da preparação do Vaticano I.

A organização e o processo continham, porém, algumas novidades: 1) a secretaria de Estado e não a "Suprema" (o Santo Ofício) era responsável pela condução desta fase; 2) a escolha de membros da cúria era um gesto de confiança inspirado no desejo e na esperança de obter a lealdade da cúria em relação ao Concílio; 3) a consulta devia ser a mais ampla possível e não limitada a alguns, como no Vaticano I: o papa descartou a hipótese do questionário, convidando, ao invés, cada um a indicar, com total liberdade, os assuntos que o Concílio deveria tratar.[5] Com o novo papa, respirava-se um novo clima: Roma pedia sugestões![6]

---

[4] L. F. CAPOVILLA. *Ricordi dal concilio. Siamo appena all'aurora*. Brescia, La Scuola, 2011, p. 54.

[5] Enquanto, antes do Vaticano I, foram consultados só 47 bispos, agora a consulta incluía todos os bispos, os superiores das ordens e congregações religiosas, as faculdades eclesiásticas; entre 1959 e 1960, sobre um total de 2.800 pessoas interpeladas, 2.150 responderam (cf. K. SCHATZ. *Storia dei concili. La Chiesa nei suoi punti focali*, Bologna, EDB, 1999, p. 260).

[6] Algo semelhante aconteceu, recentemente, com a grande consulta, decidida pelo Papa Francisco, em preparação ao III Sínodo extraordinário, sobre "Os desafios pastorais para a família no contexto da evangelização", celebrado de 5 a 19 de outubro de 2014.

As sugestões, analisadas e classificadas entre o início de setembro de 1959 e o final de janeiro de 1960, deram origem a um índice, com dezoito divisões temáticas, intitulado "Síntese analítica dos conselhos e sugestões dados pelos bispos e prelados", que ocupa mais de mil e quinhentas páginas. Foram elaboradas, em seguida, sínteses por grandes áreas geográficas, e, mais tarde, uma breve "Síntese final dos conselhos e sugestões dos excelentíssimos bispos e prelados de todo o mundo para o futuro Concílio Ecumênico". A partir deste material, prepararam-se as "Questões postas às Comissões preparatórias do Concílio": 54 temas, divididos em 11 grupos.

4.2 A fase preparatória: as comissões pré-conciliares em ação

A preparação oficial teve início com a criação, pelo papa, no dia 5 de junho de 1960, da Comissão central e de onze Comissões temáticas. As comissões continuaram sendo presididas pelos cardeais que dirigiam as Congregações da cúria. A novidade mais vistosa, porém, foi constituída pela inclusão, entre as comissões, de uma do Apostolado dos leigos, sob a presidência do cardeal Ferdinando Cento, e outra, do recém-criado Secretariado para a Unidade dos Cristãos, presidida pelo cardeal Agostinho Bea, ex-reitor do Pontifício Instituto Bíblico. Aos poucos, porém, não sem dificuldade e através de nomeações sucessivas, a composição dessa estrutura tradicional foi sendo retirada do completo monopólio da cúria e dos ambientes romanos.[7] De um lado, foi sendo internacionalizada pelo ingresso de bispos do mundo inteiro; de outro, teólogos de diversas tendências passaram a participar dos trabalhos preparatórios, inclusive alguns que, em décadas anteriores, tinham sido alvo de sanções romanas.

Entre 5 de junho de 1960 e 2 de fevereiro de 1962, as comissões preparatórias elaboraram os *schemata* (esquemas). Desde a Antiguidade, *schema* é um texto de caráter consultivo proposto aos padres conciliares como ponto

---

[7] Um dos historiadores atuais mais críticos do Vaticano II observa: "À errônea convicção dos cardeais Ottaviani e Ruffini de poder controlar a forte personalidade de João XXIII, seguiu-se a [também errônea convicção] de poder manter sob o controle da Cúria romana o Concílio e achar que ele teria reafirmado o ensinamento tradicional da Igreja contra os erros que serpenteavam" (R. DE MATTEI. *Il Concilio Vaticano II*. Torino, Lindau, 2010, p. 121).

de partida de suas discussões e deliberações.[8] De modo geral, repetiam os ensinamentos doutrinais e disciplinares dos últimos papas, sobretudo de Pio XII, com a convicção de que o concílio os haveria de referendar.

Entrementes, algumas coisas foram ficando claras: 1) o Vaticano II não seria um "concílio de união" entre as Igrejas divididas, mas mostraria claramente a disponibilidade católica de se envolver profundamente no processo ecumênico, sobretudo através do *aggiornamento* da Igreja católica; 2) o Concílio teria a marca da "pastoralidade",[9] como não se cansava de repetir João XXIII: em vez da clássica dupla "doutrina-disciplina", a assembleia conciliar deveria prospectar – neste momento histórico novo e particularmente propício – uma consideração geral sobre as exigências da vida da Igreja e das suas relações com a sociedade, consideração evangelicamente inspirada na caridade, para que transpareça em tudo o Cristo "Bom Pastor;[10] 3) os padres conciliares seriam os protagonistas do Concílio, atuando com plena liberdade e saindo da passividade a que estavam acostumados.

---

[8] Na verdade, as comissões elaboraram 96 (noventa e seis) esquemas, que a Comissão central, depois de examinar, reduziu a 70 (setenta) ou 71 (setenta e um) (cf. U. CASALE. *Il Concilio Vaticano II. Eventi, documenti, attualità*. Torino, Lindau, 2012, p. 40)

[9] "Pastoral" exprime "a dimensão central da eclesiologia de Roncalli, que quer qualificar o Concílio que ele convocou de 'Concílio pastoral'. 'Pastoral' e os vocábulos da mesma raiz ocupam um lugar muito importante no vocabulário roncalliano. Eles voltam constantemente ao longo dos numerosíssimos escritos que escalonam sua existência, com quase duas mil ocorrências" (G. ALBERIGO (ed.). *Jean XXIII devant l'histoire*. Paris, Seuil, 1989, p. 206). "A 'pastoralidade' atribuída ao novo Concílio pelo papa como característica dominante, o que queria dizer? Ela foi por muito tempo banalizada e entendida no sentido de colocar o Concílio num nível não teológico, puramente operativo... Só na imediata proximidade do Concílio abriu estrada a acepção forte da 'pastoralidade' como subordinação de todo outro aspecto da vida da Igreja à imagem exigente do Cristo como 'Bom Pastor'" (G. ALBERIGO. *Breve storia del concilio Vaticano II (1959-1965)*. Bologna, Il Mulino, 2005, p. 38).

[10] Na homilia da coroação, João XXIII encontra na Escritura sua concepção da pastoralidade: "Há quem espere no pontífice o homem de estado, o diplomata, o cientista, o organizador da vida coletiva (...) o novo papa... é, como o filho de Jacó, que, encontrando-se com seus irmãos de humana desventura, lhes revela a ternura do seu coração e, prorrompendo em pranto, diz: 'Sou... o vosso irmão José'. O novo pontífice... realiza, antes de tudo em si mesmo aquela esplêndida imagem do Bom Pastor (...) Todo pontificado toma a fisionomia própria do semblante daquele que o personifica e representa (...) O ensinamento divino e a sua grande escola são resumidos na palavra dele: 'Aprendei de mim que sou manso e humilde de coração'. A grande lei, portanto, é a mansidão e a humildade" (*Homilia Joannis PP. XXIII in die coronationis habita*, 4.11.1958).

Entrementes, no dia 15 de maio de 1961, por ocasião do 70º aniversário da *Rerum novarum*, o papa publicou a encíclica *Mater et magistra*, que, mesmo retomando afirmações habituais do ensinamento social da Igreja, introduzia importantes novidades, sobretudo se confrontadas com a impostação tradicionalista que, àquela altura, sobre os mesmos temas, davam as comissões pré-conciliares. A *Mater et magistra,* de fato, abandona o habitual método dedutivo; usa sem reservas o termo "socialização", vendo-a sobretudo como um fenômeno de massa; depura de tons moralísticos os temas já tratados em anteriores documentos, como propriedade, trabalho, empresa etc.

No Natal de 1962, o papa, através da constituição apostólica *Humani salutis*, convocou solenemente o Concílio. Nela, o papa situa o significado do Concílio no seu momento histórico, com suas oportunidades e dificuldades: as mudanças pelas quais o mundo está passando o colocam no limiar de uma nova era; diante desta mudança de época, a Igreja tem a responsabilidade de pôr o mundo moderno "em contato com as energias vivificadoras e perenes do Evangelho".[11]

No dia 11 de setembro de 1962, a menos de um mês para o início do Concílio, através de uma radiomensagem, João XXIII manifestou ainda algumas convicções em relação ao grande evento: 1) o Concílio aconteceria "na hora certa", numa daquelas "horas históricas da Igreja" que propiciam um seu novo deslanchar; 2) o Concílio deve ser para o mundo inteiro, o mundo moderno, "o encontro do rosto de Jesus ressuscitado"; 3) a unidade que existiu por séculos entre todos os cristãos interpela todos aqueles que "não são insensíveis ao sopro novo que o projeto do Concílio desperta" em direção ao "fraterno congraçamento" dos cristãos na única antiga comunhão; 4) "diante dos países subdesenvolvidos, a Igreja se apresenta como ela é e quer ser, como a Igreja de todos, e particularmente dos pobres".[12]

---

[11] JOÃO XXIII. *Humanae salutis* 3; "Diante deste duplo espetáculo – um mundo que revela um grave estado de indigência espiritual e a Igreja de Cristo, tão vibrante de vitalidade –, nós, desde quando subimos ao supremo pontificado (...) *sentimos logo o urgente dever de conclamar os nossos filhos para dar à Igreja a possibilidade de contribuir mais eficazmente na solução dos problemas da idade moderna.* Por este motivo, acolhendo como vinda do alto uma voz íntima de nosso espírito, julgamos estar maduro o tempo para oferecermos à Igreja católica e ao mundo o dom de um novo Concílio Ecumênico (...)" (ibid. 6).

[12] JOÃO XXIII. Radiomensagem "La grande aspettazione" a todos os fiéis cristãos, a um mês do Concílio Ecumênico Vaticano II. In: *AAS*, v. LIV (1962), n. 11, p. 678-685.

Durante o verão europeu, foram enviados para análise dos bispos sete "esquemas" (sobre as fontes da revelação, o depósito da fé, a ordem moral, a liturgia, a família, as comunicações sociais e a unidade da Igreja). Muitas das reações apontavam para a distância entre as perspectivas abertas pelo papa e a linha dos projetos elaborados pelas comissões. O esquema da liturgia era o único a obter um positivo consenso.[13]

No período imediatamente anterior ao Concílio, temia-se que o velho espírito da fase da preparação sufocasse o Concílio sonhado por João XXIII. Os bispos seriam capazes de reagir aos "esquemas" preparados em Roma? Os cardeais Suenens e Léger procuraram o papa para manifestar com toda a clareza esta preocupação.

Para permitir a participação de todos e a transparência nas votações,[14] foi elaborado o Regulamento da celebração do Concílio, aprovado em 6 de agosto de 1962, publicado em 5 de setembro, e que, de fato, só pôde chegar ao conhecimento dos bispos às vésperas do evento. À medida que os trabalhos conciliares foram se desenvolvendo, percebeu-se a necessidade de modificar as regras previstas, o que foi sendo feito à medida que o andamento dos trabalhos o exigia.

---

[13] "O balanço da Aliança centro-europeia era mais que satisfatório: remanejamento das dez comissões conciliares e eliminação de todo o trabalho preparatório, pelo que dos esquemas predispostos era destinado a sobreviver só o *De liturgia*, aquele que agradava menos a João XXIII, mas o único que satisfazia os progressistas, definido pelo dominicano Edward Schillebeeckx 'uma verdadeira obra-prima'. Os holandeses insistiram para que o esquema, que figurava como o quinto na ordem dos trabalhos, fosse o primeiro a ser discutido. Tratou-se, como sublinha Wiltgen, de uma nova vitória do fronte centro-europeu. O esquema era, de fato, o fruto do trabalho da única comissão dominada pelos progressistas, a litúrgica, formada sobretudo por expoentes do movimento litúrgico centro-europeu" (R. DE MATTEI, op. cit., p. 238).

[14] Da sessão de abertura do Vaticano I participaram 744 bispos; na votação da *Pastor aeternus*, cerca de 50 bispos se ausentaram da sessão, 88 votaram contra e 65 "*placet iuxta modum*", sobre um total de 601 votantes. Quanto à "liberdade" do Concílio, leia-se, por exemplo, R. AUBERT. *Vatican I*. Paris, Éditions de l'Orante, 1964, especialmente as p. 243ss.

CAPÍTULO V
OS DIFERENTES SUJEITOS DO CONCÍLIO

João XXIII, por sua formação histórica e patrística, e graças à sua qualificada experiência do Oriente, tinha uma ideia tradicional de concílio: concílio é uma assembleia dos bispos para analisar e tomar decisões vinculantes para toda a Igreja.

Além dos bispos e superiores-gerais das ordens religiosas, que eram membros com direito de voto,[1] estavam presentes – como acontece desde muito – os peritos conciliares (teólogos a serviço do conjunto do Concílio),[2] os peritos particulares de conferências episcopais e os peritos pessoais de alguns bispos.

Mas o Vaticano II teve algumas novidades: a presença de "observadores" de outras confissões; leigos ("*auditores*") e leigas ("*auditrices*"); "párocos".

"*Observadores*" de Igrejas e comunidades cristãs não católicas foram convidados a participar.[3]

Na verdade, desde o anúncio do Concílio, seja as Igrejas orientais, seja comunidades cristãs oriundas da Reforma manifestaram vivo interesse

---

[1] Participantes com direito a voz e voto foram, no início, 2.778; na última votação, 2.390; em alguns momentos, passaram de 3.000; no total, participaram dos trabalhos conciliares 3.058 padres conciliares, provenientes de 141 países (cf. R. AUBERT. Organizzazione e funzionamento dell'assemblea. In: M. GUASCO, E. – GUERRIERO, F. TRANIELLO (ed.). *Storia della Chiesa. La Chiesa del Vaticano II (1958-1978)*. Cinisello Balsamo (MI), San Paolo, 1994, p. 159-189.

[2] Segundo o *Osservatore Romano* de 28 de setembro de 1962, foram chamados inicialmente 201 (duzentos e um); em abril de 1963, seu número tinha subido a 348 (trezentos e quarenta e oito); na lista oficial elaborada depois da conclusão do Concílio, constam 480 (quatrocentos e oitenta) nomes. (Cf. K. H. NEUFELD. Vescovi e teologi al servizio del Vaticano II. In: R. LATOURELLE (ed.). *Vaticano II. Bilancio e prospettive venticinque anni dopo (1962-1987)*. Assisi, Cittadella, v. 1, 1987, p. 90.

[3] Cf. JOÃO XXIII. Carta apostólica *motu proprio Appropinquante Concilio*, com a qual se aprova o Regulamento do Concílio Vaticano II (6 de agosto de 1962). In: *AAS*, v. LIV – series II, I – v. IV. A Igreja ortodoxa de língua grega participara oficialmente dos concílios de Lião (1274) e Florença (1439); os protestantes tinham participado do Concílio de Trento por um breve momento; os ortodoxos e os protestantes ignoraram o desastrado convite de Pio IX para o Vaticano I.

pela iniciativa conciliar. O Conselho Ecumênico das Igrejas, através de seu secretário-geral, o pastor reformado holandês W. A. Visser't Hooft (1900-1985), e, em seguida, de todo o comitê executivo, manifestou um interesse particularíssimo pelo aceno de João XXIII à unidade dos cristãos.

No dia 2 de dezembro de 1960, o anglicano Geoffrey Fisher (1887-1972) foi recebido por João XXIII no Vaticano, tornando-se o primeiro arcebispo de Canterbury, desde os tempos da Reforma, a encontrar-se com um papa; aliás, desde 1414, um arcebispo de Canterbury não entrava no Vaticano e, desde 1558, não existiam relações diretas entre Roma e a Igreja da Inglaterra.

Entre os ortodoxos – vale ressaltar a figura excepcional de Atenágoras (1886-1972), patriarca ecumênico de Constantinopla –, mas também em outras Igrejas ortodoxas, foi muito vivo o interesse pelas perspectivas ecumênicas abertas por João XXIII.

Fato é que, desde a primavera europeia de 1960, o cardeal Bea, à frente do Secretariado pela Unidade dos Cristãos, havia levantado a questão de um convite a "observadores" das Igrejas cristãs não católicas. A Igreja ortodoxa de língua grega participara oficialmente dos concílios de Lião (1274) e Florença (1439); os protestantes tinham participado do Concílio de Trento por um breve momento; os ortodoxos e os protestantes ignoraram o desastrado convite de Pio IX para o Vaticano I.[4]

Leigos (a partir da segunda sessão) e leigas (a partir da terceira) católicos também foram convidados, a título de "*auditores*" e "*auditrices*", chegando, no início da quarta sessão, a 23 mulheres e 29 homens, inclusive um casal mexicano: Luz Maria Longoria e José Alvarez Icasa Manero.[5]

Um dia antes do encerramento do segundo período, dois "auditores" leigos foram chamados, por Paulo VI, a oferecer uma reflexão aos padres conciliares; o jurista italiano Vittorino Veronese (1910-1986) e o filósofo e escrito francês Jean Guitton (1901-1999).[6] No terceiro período, exatamente no dia 13 de outubro de 1964, tomou a palavra Patrick Keegan (1917-1990), presidente da Associação Mundial dos Trabalhadores, o primeiro leigo admitido a intervir nos debates conciliares, pedindo uma melhor articulação entre o capítulo sobre o povo de Deus da *Lumen gentium* com o texto do futuro decreto *Apostolicam actuositatem*.

---

[4] Cf. R. AUBERT. *Vatican I*. Paris, Éditions de l'Orante, 1964, p. 51-53.
[5] Cf. A. VALERIO, *Madri del Concilio*. Ventritré donne al Vaticano II. Roma, Carocci, 2012.
[6] Cf. X. TOSCANI (ed.). *Paolo VI. Una biografia*. Brescia, Roma, Istituto Paolo VI, Edizioni Studium, 2014, p. 372.

Os leigos tiveram uma participação mais substanciosa nos trabalhos conciliares quando entrou em pauta a questão dos pobres e, depois, na discussão do esquema XVII (ou XIII), futura *Gaudium et spes*. Em 5 de novembro de 1965, o leigo James Norris (1907-1976) – que havia proposto o nome da escritora e economista Barbara Ward (1914-1981) – interveio oficialmente numa Congregação Geral, abordando a questão da pobreza mundial. A leiga australiana Rosemary Goldie (1916-2010) – subsecretária do Pontifício Conselho para os Leigos, de 1967 a 1976, e professora de Teologia Pastoral na Pontifícia Universidade Lateranense – foi uma das mais ativas entre as "*auditrices*".[7] Do Brasil participou Bartolo Perez, à época presidente da JOC Internacional.[8]

A partir do terceiro período conciliar, mais exatamente desde o dia 13 de outubro de 1964, por iniciativa de Paulo VI, começou a participar do Concílio um grupo de párocos, 39 no total, provenientes de diversos países: Estados Unidos (5); Itália (5); França (4); Espanha (4); Canadá (4); Alemanha (4); Argentina (2); Áustria (2); Brasil (2); Líbano (2); Bélgica (1); Japão(1); México(1); Holanda (1) e Palestina (1). São "auditores" – sem direito a voz e a voto –, mas, no dia 17 de novembro, o espanhol padre L. Marcos fala em nome dos presbíteros, exprimindo suas expectativas em relação ao Concílio; da mesma forma, no dia 27 de outubro, outro pároco, monsenhor Thomas B. Falls, da diocese de Filadélfia, discorre propositivamente a respeito do esquema sobre "O ministério e a vida dos presbíteros", aprovado, em suas linhas gerais, no dia anterior.[9]

Paralelamente, o Vaticano empenhou-se em que os bispos católicos dos países da "cortina de ferro" (poloneses, húngaros, romenos, búlgaros, russos e outros) pudessem participar. Graças a essa iniciativa, um número crescente de bispos daquelas regiões não só estiveram presentes, mas alguns – como Wyszynski e Woityła – tiveram papel relevante em algumas comissões conciliares.

---

[7] Cf. S. TANZARELLA. Auditores: una presenza nuova e significativa al Concilio Vaticano II. In: *Credereoggi 193* (janeiro-fevereiro 2013), p. 43-52.
[8] Cf. J. O. BEOZZO. *A Igreja do Brasil no Concílio Vaticano II. 1959-1965*, São Paulo, Paulinas, 2005.
[9] Cf. G. ZIVIANI. *Una Chiesa di popolo. La parrocchia nel Vaticano II*. Bologna, EDB, 2011, p. 168ss. e 193ss.

CAPÍTULO VI
A SOLENE CELEBRAÇÃO DE ABERTURA

Um concílio propriamente não se faz, nem se reúne, nem produz. Um concílio se celebra. Seu parâmetro é a celebração da Eucaristia: a assembleia é convocada e constituída; ouve, acolhe e atualiza a Palavra, que professa na fé; faz memória da última ceia celebrada por Jesus; é enviada para testemunhar o que celebrou.

Depois de três anos de preparação, no dia 11 de outubro de 1962, deu-se a solene abertura do Concílio Ecumênico Vaticano II. Houve duas celebrações, uma na parte da manhã, outra na parte da tarde.

Na parte da manhã, depois da entrada processional dos bispos na Basílica de São Pedro, realizou-se o tradicional rito de inauguração, com o canto do *Veni Creator*, a celebração da Eucaristia, a entronização do livro dos Evangelhos sobre o "altar do Concílio", a profissão de fé e o canto do Evangelho.

Na parte da tarde, João XXIII proferiu o discurso inaugural, que se inicia com as palavras *Gaudet mater Ecclesia* [Alegra-se a mãe Igreja].[1] Pronunciado em latim diante de um público linguisticamente muito heterogêneo, não foi imediatamente compreendido por todos em toda a sua amplitude e alcance. Na verdade, o discurso inaugural é uma das chaves mais importantes para se entender o Vaticano II, principalmente a partir da intuição e da perspectiva do papa que o convocou. Este "manifesto dos tempos novos"[2] foi, sem dúvida, "o ato mais relevante do pontificado joa-

---

[1] Escrito pessoalmente por João XXIII, da primeira à última linha, envolve uma série de problemas de transmissão literária e, por isso, de crítica textual (cf. A. MELLONI. Descrizione delle redazioni dell'allocuzione. In: *Istituto per le Scienze religiose di Bologna, Fede tradizione profezia. Studi su Giovanni XXIII e sul Vaticano II*. Brescia, Paideia, 1984, p. 223-238; A. MELLONI (ed.). Sinossi critica dell'allocuzione di apertura del Concilio Vaticano II Gaudet Mater Ecclesia di Giovanni XXIII. In: ibid., p. 239-283).

[2] Cf. G. L. CARDAROPOLI. *Vaticano II. L'evento, i documenti, le interpretazioni*. Bologna, EDB, 2002, p. 41.

nino e provavelmente um dos mais empenhativos e significativos da Igreja católica na idade contemporânea".[3]

Depois de um breve aceno aos concílios precedentes e aos três anos de preparação, confessa o papa:

> No exercício cotidiano do nosso ministério pastoral ferem nossos ouvidos sugestões de almas, ardorosas sem dúvida no zelo, mas não dotadas de grande sentido de discrição e moderação. Nos tempos atuais, elas não veem senão prevaricações e ruínas; vão repetindo que a nossa época, em comparação com as passadas, foi piorando; e portam-se como quem nada aprendeu da história, que é também mestra da vida, e como se no tempo dos Concílios Ecumênicos precedentes tudo fosse triunfo completo da ideia e da vida cristã, e da justa liberdade religiosa (GME 4.2).
>
> Mas parece-nos que devemos discordar desses profetas da desventura, que anunciam acontecimentos sempre infaustos, como se estivesse iminente o fim do mundo (GME 4.3).
>
> No presente momento histórico, a Providência está-nos levando para uma nova ordem de relações humanas, que, por obra dos homens e o mais das vezes para além do que eles esperam, se dirigem para o cumprimento de desígnios superiores e inesperados; e tudo, mesmo as adversidades humanas, dispõe para o bem maior da Igreja (GME 4.4).
>
> O que mais importa ao Concílio Ecumênico é o seguinte: que o depósito sagrado da doutrina cristã seja guardado e ensinado de forma mais eficaz. Essa doutrina abarca o homem inteiro, composto de alma e corpo, e a nós, peregrinos nesta terra, manda-nos tender para a pátria celeste (GME 5.1-2) (...) Mas, para que esta doutrina atinja os múltiplos níveis da atividade humana, que se referem aos indivíduos, às famílias e à vida social, é necessário primeiramente que a Igreja não se aparte do patrimônio sagrado da verdade, recebido dos seus maiores; e, ao mesmo tempo, deve também olhar para o presente, para as novas condições e formas de vida introduzidas no mundo hodierno, que abriram novos caminhos ao apostolado católico (GME 5.5) (...)
>
> Isto posto, veneráveis irmãos, vê-se claramente tudo o que se espera do Concílio quanto à doutrina (GME 6.1) (...) [que] se tornou patrimônio comum dos homens (GME 6.2) (...) É nosso dever não só conservar este tesouro precioso, como se nos preocupássemos unicamente da antigui-

---

[3] G. ALBERIGO. *Breve storia del concilio Vaticano II (1959-1965)*. Bologna, Il Mulino, 2005, p. 43.

dade, mas também dedicar-nos com vontade pronta e sem temor àquele trabalho hoje exigido, prosseguindo assim o caminho que a Igreja percorre há vinte séculos.

A finalidade principal deste Concílio não é, portanto, a discussão de um ou outro tema da doutrina fundamental da Igreja, repetindo e proclamando o ensino dos padres e dos teólogos antigos e modernos, que se supõe sempre bem presente e familiar ao nosso espírito. Para isto, não havia necessidade de um concílio.

Mas da renovada, serena e tranquila adesão a todo o ensino da Igreja, na sua integridade e exatidão, como ainda brilha nas Atas Conciliares desde Trento até o Vaticano I, o espírito cristão, católico e apostólico do mundo inteiro espera um progresso na penetração doutrinal e na formação das consciências; é necessário que esta doutrina certa e imutável, que deve ser fielmente respeitada, seja aprofundada e exposta de forma a responder às exigências do nosso tempo.

Uma coisa é a substância do *"depositum fidei"*, isto é, as verdades contidas na nossa doutrina, e outra é a formulação com que são enunciadas, conservando-lhes, contudo, o mesmo sentido e o mesmo alcance. Será preciso atribuir muita importância a esta forma e, se necessário, insistir com paciência, na sua elaboração; e dever-se-á usar a maneira de apresentar as coisas que mais corresponda ao magistério, cujo caráter é prevalentemente pastoral (GME 6.3-5) (...)

A Igreja sempre se opôs a estes erros; muitas vezes até os condenou com maior severidade. Agora, porém, a esposa de Cristo prefere usar mais o remédio da misericórdia do que o da severidade. Julga satisfazer melhor às necessidades de hoje mostrando a validez da sua doutrina do que renovando condenações (GME 7.2).

Este é, segundo João XXIII, o elemento central (*"punctum saliens"*) do Vaticano II, para que a Igreja possa ir "ao encontro das necessidades de hoje, mostrando a validade da doutrina e não recorrendo a condenações". O Concílio coloca-se, enfim, não só na perspectiva da unidade de todos os cristãos, mas de toda a humanidade. Contempla-se o "grande mistério da unidade" numa tríplice irradiação: dos católicos entre si, de todos os cristãos, e das pessoas de todas as religiões (cf. GME 8).

Não se pode omitir um gesto, aparentemente pequeno, do papa, na noite do dia 11 de outubro. O dia devia concluir com uma procissão luminosa (*"fiaccolata"*) da Ação Católica, na Praça São Pedro. O secretário particular aborda o papa em seu escritório: "Santidade, não se apresente à janela, não fale, mas olhe através da cortina que espetáculo, a Praça São Pedro está cheia de tochas, parece incendiada!". De fato, foi à janela, dizendo-me pouco depois: "Coloque-me a estola!". E iniciou aquela conversa, convidando a multidão a olhar a lua...[4]

> Caros filhos, escuto as vossas vozes. A minha é uma só, mas recolhe todas as vozes do mundo; e aqui, de fato, o mundo é representado. Dir-se-ia que até a lua se apressou esta noite... Observai-a no alto, a olhar este espetáculo... Estamos fechando um grande dia de paz... Se perguntasse, se pudesse perguntar a cada um: de que parte vindes? Os filhos de Roma, que estão aqui especialmente representados, responderiam: ah, nós somos os filhos mais próximos, e vós sois o nosso bispo... A minha pessoa não conta nada: é um irmão que vos fala, um irmão tornado pai por vontade de Nosso Senhor... Continuemos, pois, a nos querer bem, a querer-nos bem assim; olhando-nos assim no encontro: acolher o que nos une, deixar de lado, se houver, algo que pode nos deixar um pouco em dificuldade... Voltando para casa, encontrareis as crianças. Dai-lhes uma carícia e dizei: "Esta é a carícia do papa". Saibam os aflitos que o papa está com os seus filhos especialmente nas horas da tristeza e da amargura... Adeus, filhos. À bênção acrescento os votos de uma boa noite!

---

[4] L. F. CAPOVILLA. *Ricordi dal Concilio. Siamo appena all'aurora*. Brescia, La Scuola, 2011, p. 73.

CAPÍTULO VII
TRÊS ANOS DE INTENSO TRABALHO

O Concílio, inaugurado por João XXIII em 11 de outubro de 1962 desenrolou-se durante três anos, e foi encerrado por Paulo VI no dia 8 de dezembro de 1965.

Foram quatro sessões (ou períodos): Primeira sessão (11 de outubro de 1962 – 8 de dezembro de 1962); Segunda sessão (29 de setembro de 1963 – 4 de dezembro de 1963); Terceira sessão (14 de setembro de 1964 – 21 de novembro de 1964); Quarta sessão (14 de setembro de 1965 – 8 de dezembro de 1965).

7.1 Primeira sessão: passos decisivos

Votadas as comissões conciliares no dia 20 de outubro, teve início a discussão dos esquemas previstos para esta sessão: liturgia, fontes da revelação, meios de comunicação social, unidade dos cristãos.

7.1.2 *Mensagem dos Padres conciliares ao mundo*

No mesmo dia 20 de outubro, o Concílio aprovou uma breve mensagem ao mundo, na qual a Igreja em concílio se apresentava, explicava a sua missão e mostrava a solidariedade dos católicos com toda a humanidade em relação aos grandes problemas contemporâneos, especialmente a justiça social e a paz:

> Dirigimos continuamente nosso espírito para todas as angústias que afligem hoje os homens; por isso, em primeiro lugar, as nossas preocupações se voltam para os mais humildes, os mais pobres, os mais fracos; a exemplo de Cristo, sentimos compaixão da multidão que padece a fome, a miséria e a ignorância (...) Por este motivo, no desenvolvimento dos nossos trabalhos, teremos em grande conta tudo o que diz respeito à dignidade do homem e tudo o que contribui para a verdadeira fraternidade dos povos (...) Não possuímos nem as riquezas nem o poder terreno; mas depositamos nossa confiança no Espírito Santo...[1]

---

[1] G. ALBERIGO. *Breve Storia del Vaticano II*. Bologna, Il Mulino, 2005, p. 47.

7.1.3 A discussão começou pelo esquema sobre a liturgia

Por disposição de João XXIII, a liturgia foi o primeiro assunto a ser debatido, de 22 de outubro a 13 de novembro. Era, sem dúvida, a questão mais amadurecida do amplo movimento de renovação da Igreja, que desembocara no Concílio. Seu esquema preparatório foi também o único que os bispos aceitaram como base para a continuação dos debates, tendo recolhido sempre uma grande maioria a favor, não obstante a aguerrida resistência de uma minoria, avessa a qualquer mudança. Dois elementos emergem com toda a evidência: a adoção das línguas atuais na liturgia e a importância da liturgia da Palavra. A autorização para o uso das línguas vernáculas restabelecia o contato entre o culto oficial e o povo, que passava a ouvir seus ministros "apregoar em nossas próprias línguas as maravilhas de Deus" (cf. At 2,11). O resgate da mesa da Palavra ao lado da mesa do Pão superava a monopolização da atenção do povo, dos ministros e dos teólogos em torno da liturgia eucarística (na verdade, a consagração), única parte da missa que se devia "assistir" para cumprir o preceito dominical e festivo. No contexto das reflexões sobre a liturgia, vieram à luz dados teológicos importantes, mas deixados há séculos na sombra: a igreja local; a Eucaristia presidida pelo bispo e o presbitério; a participação consciente, ativa e frutuosa dos fiéis. Diante, porém, das inúmeras emendas apresentadas e do desejo de João XXIII de dar tempo para que o Concílio fosse atingindo sua própria maturidade, a conclusão dos trabalhos sobre liturgia foi, no dia 19 de novembro, adiada para a próxima sessão do Concílio. Arquivava-se, assim, a ideia segundo a qual o Concílio seria breve e aprovaria, quase por aclamação, o material preparatório!

Observava-se também que, aos poucos, entre os Padres conciliares, ia se formando uma maioria, quer dizer, um número muito elevado de votos convergentes (aprovando ou rejeitando) sobre os grandes temas do Concílio. Este fenômeno não era programado nem administrado – como querem os encarniçados adversários do Vaticano II; na verdade, os Padres iam progressivamente tomando consciência de seu papel e dos horizontes que o Concílio ia descortinando.

7.1.4 A discussão sobre as "fontes da revelação" leva a um impasse

A partir de 14 de novembro, o Concílio iniciou a discussão do projeto das "fontes da revelação". A expressão deixava transparecer a polêmica com a tese protestante da *"sola Scriptura"*, de alguma maneira superada pelo resgate, no âmbito católico, da importância da Bíblia na vida espiritual, na experiência eclesial e na teologia. De fato, prevalecia a opinião de que só a Palavra de Deus fosse fonte primária da revelação. Quando, depois de acalorados debates, no dia 20 de novembro, foi votado se o esquema podia ser aceito como base para os trabalhos ulteriores, 1.368 padres (sobre um total de 2.109 presentes) se posicionaram contra. De acordo, porém, com o regulamento, eram necessários 2/3 dos votos não só para aprovar um texto, mas também para rejeitá-lo. Sendo assim, o projeto deveria ser o instrumento de trabalho da assembleia. Foi quando, mais uma vez, se manifestou a sabedoria de João XXIII, disposto a salvaguardar a liberdade do Concílio. Depois de ouvir Bea, Frings e Liérnart, respeitando a inequívoca vontade da assembleia, o papa decidiu que a maioria necessária para a aprovação de um texto não podia ser exigida para rejeitá-lo.[2] Com isso, o texto preparatório foi abandonado, e uma comissão mista, formada por membros da Comissão teológica e do Secretariado para a unidade, foi encarregada de preparar outro.

O cardeal Ottaviani propôs, então, que se discutisse um brevíssimo esquema sobre Maria. Muitos se opuseram à ideia, porque lhes parecia estranha a discussão sobre Maria independentemente da reflexão sobre a Igreja, que muitos, aliás, ansiavam por começar. De fato,

> o sucesso do Concílio parecia estreitamente condicionado pelo modo como a Igreja teria definido a si mesma, tanto mais que a reforma litúrgica tinha antecipado alguns grandes nós da concepção da Igreja, que corrigiam as impostações excessivamente institucionais e juridicistas dos últimos séculos.[3]

7.1.5 O debate sobre a Igreja: o momento teologicamente mais elevado do Concílio

Entre 1º e 6 de dezembro, o Concílio se dedicou à discussão do projeto sobre a Igreja, que, apesar de umas poucas aprovações, foi objeto de

---

[2] Cf. B. KLOPPENBURG. *Compêndio do Concílio Vaticano II. Constituições, decretos, declarações*. 13. ed. Vozes, Petrópolis 1968, p. 120; L. F. CAPOVILLA. *Ricordi dal concilio. Siamo appena all'aurora*. Brescia, La Scuola, 2011, p. 71; O. H. PESCH. *Il Concilio Vaticano II*, cit., 2005, p. 9. R. DE MATTEI. *Il Concilio Vaticano II*. Torino, Lindau, 2010, p. 263.

[3] G. ALBERIGO. *Breve storia del concilio vaticano II*, cit., p. 52.

críticas severas: pouca sintonia com a eclesiologia renovada que se vinha construindo desde muito antes do Concílio; hegemonia da compreensão societária da Igreja, em prejuízo de uma compreensão mistérica; ausência de sensibilidade ecumênica; apresentação do episcopado numa linha de dependência e não de comunhão. Fizeram-se também inúmeras críticas ao espírito de gueto, triunfalismo e clericalismo subjacentes ao esquema; ao lado da apresentação da Igreja como mistério em sentido bíblico-patrístico, propunha-se também a consideração da Igreja como povo de Deus. Os cardeais Suenens e Montini, por sua vez, propunham que toda a obra conciliar girasse em torno de dois eixos fundamentais: a Igreja "*ad intra*" e a Igreja "*ad extra*"; a identidade da Igreja (*Ecclesia, quid dicis de te ipsa?*) e a missão da Igreja (*Ecclesia, quid agis?*). Lercaro, numa das últimas sessões, sugeria que a ideia dominante do trabalho conciliar ("o elemento de síntese, o ponto de iluminação e de coerência de todos os temas até aqui tratados") fosse a Igreja dos pobres, tese já levantada por João XXIII.

O debate sobre a Igreja foi um dos momentos mais altos do primeiro período. O Concílio interrogava-se sobre as questões de fundo. Os padres crescentemente tomavam consciência de que o evento conciliar não se podia restringir à vida interna da Igreja, mas tinha um horizonte muito mais amplo:

> A nova condição da Igreja como comunidade aberta, humanamente indefesa, disponível às necessidades humanas, que o discurso de abertura tinha delineado, ia assumindo contornos cada vez mais precisos e empenhativos. Uma série de intervenções foi deixando claro, de perspectivas diversas, mas complementares, como a consciência cristã contemporânea se caracterizava em modos substancialmente diversos do espírito do esquema preparatório.[4]

O esquema preparado pela comissão teológica foi, na verdade, tão "violentamente criticado em sua estrutura, método, argumentação, conteúdo e espírito",[5] que nem foi preciso submetê-lo à assembleia para votar sua validade como instrumento de trabalho; foi elegantemente abandonado. Uma nova eclesiologia ia emergindo no horizonte do Concílio.[6]

---

[4] Ibid., p. 53.
[5] B. KLOPPENBURG, op. cit., p. 38.
[6] Cf. A. ACERBI. *Due ecclesiologie. Ecclesiologia giuridica ed ecclesiologia di comunione nella "Lumen gentium"*. Bologna, EDB, 1975.

A última fase da primeira sessão do Concílio foi de 23 de novembro a 8 de dezembro. Previa-se a discussão de dois projetos: meios de comunicação social e unidade dos cristãos. Do primeiro, foi aprovada a substância, com a condição de a comissão reduzi-lo a poucas proposições essenciais. Em relação ao tema da unidade, por falta de coordenação na fase preparatória do Concílio, havia três projetos: um preparado pela Comissão para as Igrejas orientais, numa perspectiva "uniata"; outro, elaborado pela Comissão teológica; um terceiro, pelo Secretariado para a unidade. Diante desta situação, a questão ecumênica foi, no dia 1º de dezembro, encaminhada ao exame de uma Comissão mista formada pela Comissão doutrinal, pela Comissão para as Igrejas orientais e pelo Secretariado para a unidade.

7.2 Segunda sessão: os primeiros dois documentos aprovados

No dia 3 de junho de 1963, morre João XXIII; suspende-se o Concílio. Eleito papa no dia 21 de junho, Paulo VI (1898-1978), já no dia seguinte, anuncia que o Concílio continuará e retomará seus trabalhos em 29 de setembro, indo até o dia 4 de dezembro.

O novo papa abre a Segunda sessão do Vaticano II com um discurso em que desenvolve quatro pontos fundamentais: uma mais clara consciência da Igreja a respeito de si mesma; a sua renovação; a restauração da unidade dos cristãos e o diálogo com o mundo contemporâneo. No lugar do Conselho de presidência, formado por dez cardeais, da fase anterior, Paulo VI nomeia quatro "moderadores": os cardeais G. Agagianian, L. Suenens, J. Döpfner e G. Lercaro.

A discussão sobre a Igreja, a partir desta sessão, tem como base o chamado "esquema belga" ou "esquema Philips" – do nome de seu principal autor, o teólogo Gerald Philips – em quatro capítulos: o mistério da Igreja; a hierarquia; o povo de Deus, especialmente os leigos; a vocação à santidade. Por sugestão de Suenens, desmembrou-se o capítulo III em dois – um sobre o povo de Deus em geral, outro sobre os leigos – e o novo capítulo sobre o povo de Deus foi colocado logo depois do capítulo I (sobre o mistério da Igreja). Com esta operação, hierarquia e laicato passaram a ser tratados no interior do povo de Deus, categoria eclesiológica que, entre outras coisas, sublinha, antes das diferenças, o que é comum a todos os membros da Igreja. Atenção especial recebeu nesta sessão a questão do episcopado (sacramentalidade, colegialidade, relação com o papa), suscitando vivas discussões. Diante do impasse em torno dessas questões, no dia 30 de outubro, o Concílio votou – a título orientativo – cinco quesitos: 1) se a consagração episcopal é o grau supremo da ordem sacra; 2) se todo bispo consagrado, em comunhão com o papa e os outros bispos, se torna, por isso mesmo, membro do colégio episcopal; 3) se o colégio dos bispos sucede ao colégio dos apóstolos, e se possui – com o seu chefe, o papa, e jamais sem ele – o pleno e supremo poder na Igreja; 4) se é oportuno restaurar o diaconato como grau distinto e estável do sagrado ministério. Os resultados foram além das expectativas mais otimistas: oscilaram entre 2.123 votos para o primeiro quesito e 1.588 para o último; os votos contrários não passaram de 525 sobre a restauração do diaconato permanente e só 34 sobre a sacramentalidade do episcopado. No dia anterior, a assembleia tinha decidido – por pequena diferença de votos – que o esquema sobre Maria passaria a ser o capítulo conclusivo do esquema sobre a Igreja. No dia 4 de dezembro, com 2.147 votos favoráveis, 4 contra e uma abstenção, foi aprovada a constituição *Sacrosanctum concilium* sobre a reforma da Liturgia, e o decreto *Inter mirifica* sobre os meios de comunicação social, com 1.960 votos a favor e 160 contrários. A fórmula de aprovação dos documentos conciliares escolhida por Paulo VI – "*una cum Patribus*" – superava, não só simbolicamente, as intermináveis e desgastantes controvérsias entre conciliaristas e ultramontanos, que se estenderam por séculos na Idade Média e na Idade Moderna.

7.3 Terceira sessão: a concentração eclesiológica do Vaticano II

No terceiro período (14 de setembro – 21 de novembro de 1964), chegou-se à aprovação e promulgação dos documentos mais diretamente eclesiológicos do Concílio: o decreto sobre as Igrejas orientais católicas *Orientalium Ecclesiarum*, com 2.220 *placet* e 39 *non placet* (20 de novembro de 1964); o decreto *Unitatis redintegratio*, que recebeu 2.054 votos favoráveis, 64 contrários e 11 nulos (20 de novembro de 1964); a constituição dogmática *Lumen gentium*, aprovada por 2.134 votos, contra 10 *non placet* e 1 abstenção (21 de novembro de 1964). Alguns episódios dramáticos marcaram a Terceira sessão: no dia 16 de novembro, foi comunicada, "por mandato da Superior autoridade" (o papa) uma "nota explicativa prévia", relativa ao capítulo III da *Lumen gentium*; no dia 19 de novembro, o texto de *Unitatis redintegratio* sofreu 19 emendas introduzidas também por autoridade superior; neste mesmo dia, chegou o comunicado, por parte de Tisserant, presidente dos moderadores, de que a declaração sobre a liberdade religiosa não seria submetida aos Padres para as ulteriores votações previstas;[7] Maria é proclamada por Paulo VI Mãe da Igreja (24 de novembro de 1964).

7.4 Quarta sessão: o fundamento, os interlocutores e os sujeitos da missão

Na última sessão (14 de setembro a 8 de dezembro de 1965), foi aprovado e promulgado o maior número de documentos conciliares. Duas importantes constituições: a constituição dogmática *Dei Verbum* sobre a divina revelação (28 de novembro de 1965) e a Constituição pastoral *Gaudium et spes* sobre a Igreja no mundo de hoje (7 de dezembro de 1965). Três declarações de peso e impacto bastante desiguais: as declarações *Gravissimum educationis* sobre a educação cristã, *Nostra aetate* sobre as religiões não cristãs (28 de outubro de 1965) e a *Dignitatis humanae* sobre a liberdade religiosa (7 de dezembro de 1965). Seis decretos: *Christus Dominus* sobre o ministério pastoral dos bispos, *Optatam totius* sobre a formação sacerdotal e *Perfectae caritatis* sobre a vida religiosa (28 de outubro de 1965), *Apostolicam actuositatem* sobre o apostolado dos leigos, *Presbyterorum ordinis* sobre o ministério e a vida dos presbíteros, e *Ad gentes* sobre a atividade missionária da Igreja (7 de dezembro de 1965).

---

[7] A chamada "semana negra" é interpretada, por outros historiadores, de modo irrestritamente positivo: "Ele [Paulo VI] devia sacrificar a sua popularidade para salvar o Concílio e o seu futuro. De várias maneiras, o comportamento de Paulo VI durante a "semana negra" reflete a sua concepção do papado e da colegialidade: ele é o exemplo vivo de uma doutrina da colegialidade que procura encontrar os seus ritmos. Nele, estão presentes os titubeios, as incertezas, os compromissos, as tensões da doutrina da colegialidade. A "semana negra" lhe confirma as duas visões, aparentemente contrastantes, do papado que ele possui: a do solitário, elevado a uma sumidade em que está só com Deus, na unicidade de uma vocação; a outra, da qual sentia forte o sentido no final do terceiro período, que o ligava fortemente aos irmãos no episcopado". L. A. GOKIM TAGLE. *La tempesta di novembre: la settimana nera*. In: G. ALBERIGO (ed.). *Storia del Concilio Vaticano II*. v. IV: La Chiesa come comunione (settembre 1964 – settembre 1965). Leuven/Bologna, Peeters/Il Mulino, 1999.

7.5 As celebrações conclusivas

No dia 7 de dezembro de 1965, Paulo VI proclama o encerramento do Concílio: "Concluímos hoje o Concílio Ecumênico Vaticano II e concluímo-lo na plenitude do seu vigor e da sua eficiência"; sublinha a sua intenção e significado religiosos:

> podemos confessar que demos glória a Deus, que buscamos o seu conhecimento e o seu amor, que adiantamos no esforço da sua contemplação, na ânsia da sua celebração, na arte de o dar a conhecer aos homens que nos olham como Pastores e mestres dos caminhos do Senhor.

Após ter recordado que, em Concílio, a Igreja, além de si mesma e da sua relação com Deus, se preocupou do homem e do mundo contemporâneo com atitude amorosa, o papa afirma que

> aquela antiga história do bom samaritano foi exemplo e norma segundo os quais se orientou o nosso Concílio. Com efeito, um imenso amor para com os homens penetrou totalmente o Concílio. A descoberta e a consideração renovada das necessidades humanas – que são tanto mais molestas quanto mais se levanta o filho desta terra – absorveram toda a atenção deste Concílio. Vós, humanistas do nosso tempo, que negais as verdades transcendentes, dai ao Concílio ao menos este louvor e reconhecei este nosso humanismo novo: também nós – e nós mais do que ninguém somos cultores do homem.

Num texto apaixonado, o "papa da modernidade" mostra com que simpatia a Igreja, no Vaticano II, olhou para o ser humano:

> o homem tal qual ele se mostra realmente no nosso tempo: o homem que vive; o homem que se esforça por cuidar só de si; o homem que não só se julga digno de ser como que o centro dos outros, mas também não se envergonha de afirmar que é o princípio e a razão de ser de tudo. Todo o homem fenomênico – para usarmos o termo moderno – revestido dos seus inúmeros hábitos, com os quais se revelou e se apresentou diante dos padres conciliares, que são também homens, todos Pastores e irmãos, e por isso atentos e cheios de amor; o homem que lamenta corajosamente os seus próprios dramas; o homem que não só no passado mas também agora julga os outros inferiores, e, por isso, é frágil e falso, egoísta e feroz; o homem que vive descontente de si mesmo, que ri e chora; o ho-

mem versátil, sempre pronto a representar; o homem rígido, que cultiva apenas a realidade científica; o homem que como tal pensa, ama, trabalha, sempre espera alguma coisa, à semelhança do *"filius accrescens"*; o homem sagrado pela inocência da sua infância, pelo mistério da sua pobreza, pela piedade da sua dor; o homem individualista, dum lado, e o homem social, do outro; o homem *"laudator temporis acti"*, e o homem que sonha com o futuro; o homem por um lado sujeito a faltas, e por outro adornado de santos costumes; e assim por diante. O humanismo laico e profano apareceu, finalmente, em toda a sua terrível estatura, e por assim dizer desafiou o Concílio para a luta. A religião, que é o culto de Deus que quis ser homem, e a religião – porque o é –, que é o culto do homem que quer ser Deus, encontraram-se. Que aconteceu? Combate, luta, anátema? Tudo isto poderia ter-se dado, mas de fato não se deu.[8]

No dia 8 de dezembro de manhã, Paulo VI presidiu, diante da Basílica de São Pedro, o encerramento público e solene do Concílio, entregando sete mensagens à humanidade: aos governantes, aos pensadores e cientistas, aos artistas, às mulheres, aos trabalhadores, aos pobres, doentes e sofredores, aos jovens. Neste mesmo dia 8, mediante a carta apostólica *In Spiritu Sancto,* Paulo VI encerrou formalmente o Concílio:

> com a graça de Deus, estando neste momento terminado tudo quanto diz respeito ao mesmo sagrado Concílio Ecumênico e tendo sido aprovados por deliberação conciliar e por nós promulgadas todas as constituições, decretos, declarações e votos, com a Nossa autoridade apostólica decidimos e estabelecemos encerrar, para todos os efeitos, o mesmo Concílio Ecumênico, convocado pelo nosso predecessor de feliz memória João XXIII no dia 25 de dezembro de 1961, inaugurado no dia 11 de outubro de 1962, e por nós continuado depois da sua piíssima morte. Mandamos também e ordenamos que tudo quanto foi estabelecido conciliarmente seja observado santa e religiosamente por todos os fiéis, para glória de Deus, honra da santa mãe Igreja, tranquilidade e paz de todos os homens.[9]

---

[8] Cf. B. KLOPPENBURG. *Concílio Vaticano II*. Volume V. Quarta sessão (set.-dez. 1965). Petrópolis, Vozes, 1966, p. 497.
[9] Cf. ibid., p. 516.

CAPÍTULO VIII
OS DEZESSEIS DOCUMENTOS

O Concílio Vaticano II aprovou dezesseis documentos, dos quais quatro são "constituições": *Sacrosanctum concilium* (1963), *Lumen gentium* (1964), *Dei Verbum* (1965) e *Gaudium et spes* (1965); três são "declarações": *Gravissimum educationis* (1965), *Nostra aetate* (1965) e *Dignitatis humanae* (1965); nove são "decretos": *Inter mirifica* (1963); *Orientalium ecclesiarum* (1964); *Unitatis redintegratio* (1964); *Christus Dominus* (1965); *Presbyterorum ordinis* (1965); *Optatam totius* (1965); *Apostolicam actuositatem* (1965); *Perfectae charitatis* (1965) e *Ad gentes* (1965). As *"constituições"*, que abordam temas relativos à própria estrutura do fato cristão, são as vigas mestras do Concílio; os *"decretos"* têm um caráter mais aplicativo, no sentido de aplicação da nova consciência da Igreja a aspectos importantes de sua organização, vida e missão, e no sentido em que visam à aplicação das orientações conciliares nesses mesmos aspectos; as "declarações" exprimem o pensamento da Igreja sobre algumas questões particularmente importantes no que diz respeito à sua relação com a sociedade moderna.

Os documentos do Vaticano II podem ser considerados segundo uma ordem cronológica ou segundo uma ordem teológica ou, ainda, segundo uma ordem lógica. Enquanto a ordem cronológica é imutável, as chamadas ordens teológicas ou lógicas não recolhem unanimidade, pois dependem de uma série de pressupostos, condições e circunstâncias muito variáveis, as quais propiciam um amplo leque de interpretações do Vaticano II.

Não podendo entrar, nos limites desse opúsculo, nos intrincados problemas das interpretações do Concílio, faz-se, aqui, uma apresentação sumária dos dezesseis documentos pela ordem da aprovação e pelos títulos dos seus capítulos.

Sacrosanctum concilium

Constituição sobre a sagrada liturgia (4 de dezembro de 1963; 2.152 votantes; 2.147 votos a favor, 4 contra, 1 nulo).

Capítulo I – Os princípios gerais da reforma e do incremento da liturgia

Capítulo II – O sacrossanto mistério da Eucaristia

Capítulo III – Os demais sacramentos e os sacramentais

Capítulo IV – O ofício divino

Capítulo V – O ano litúrgico

Capítulo VI – A música sacra

Capítulo VII – A arte sacra e as sagradas alfaias

Inter mirifica

Decreto sobre os meios de comunicação social (4 de dezembro de 1963; 2.131 votantes; 1.960 votos a favor, 164 contra, 7 nulos).

Capítulo I – Normas para o reto uso dos MCS

Capítulo II – Os MCS e o apostolado católico

Lumen gentium

Constituição dogmática sobre a Igreja (21 de novembro de 1964; 2.156 votantes; 2.151 votos a favor, 5 contra).

Capítulo I – O mistério da Igreja

Capítulo II – O povo de Deus

Capítulo III – A constituição hierárquica da Igreja e em especial o episcopado

Capítulo IV – Os leigos

Capítulo V – Vocação universal à santidade na Igreja

Capítulo VI – Os religiosos

Capítulo VII – A índole escatológica da Igreja peregrina e sua união com a Igreja celeste

Capítulo VIII – A bem-aventurada Virgem Maria, Mãe de Deus, no mistério de Cristo e da Igreja

Orientalium ecclesiarum

Decreto sobre as Igrejas orientais católicas (21 de novembro de 1964; 2.149 votantes; 2.110 votos a favor, 39 contra).

Capítulo I – As Igrejas particulares ou os ritos

Capítulo II – Patrimônio espiritual das Igrejas orientais que deve ser preservado

Capítulo III – Os patriarcas orientais

Capítulo IV – A disciplina dos sacramentos

Capítulo V – O culto divino

Capítulo VI – Relações com os irmãos das Igrejas separadas

Unitatis redintegratio

Decreto sobre o ecumenismo (21 de novembro de 1964; 2.148 votantes; 2.137 votos a favor, 11 contra).

Capítulo I – Os princípios católicos do ecumenismo

Capítulo II – A prática do ecumenismo

Capítulo III – As Igrejas e Comunidades eclesiais separadas da sé apostólica romana

Christus Dominus

Decreto sobre o ministério pastoral dos bispos (28 de outubro de 1965; 2.322 votantes; 2.319 votos a favor, 2 contra, 1 nulo).

Capítulo I – Os bispos em relação à Igreja universal

Capítulo II – Os bispos e as Igrejas particulares ou dioceses

Capítulo III – Cooperação dos bispos para o bem comum de várias dioceses

Perfectae caritatis

Decreto sobre a renovação da vida religiosa (28 de outubro de 1965; 2.325 votantes; 2.321 votos a favor, 4 contra).

Capítulo I – Princípios gerais de uma conveniente renovação

Capítulo II – Critérios práticos de renovação

Capítulo III – A quem incumbe levar a termo a renovação

Capítulo IV – Elementos comuns a todas as formas de vida religiosa

Capítulo V – O primado da vida espiritual

Capítulo VI – Os institutos inteiramente votados à contemplação

Capítulo VII – Os institutos que se dedicam à vida apostólica

Capítulo VIII – A fiel observância da vida monástica e conventual

Capítulo IX – A vida religiosa leiga

Capítulo X – Os institutos seculares

Capítulo XI – A castidade

Capítulo XII – A pobreza

Capítulo XIII – A obediência

Capítulo XIV – A vida comum

Capítulo XV – A clausura das monjas

Capítulo XVI – O hábito religioso

Capítulo XVII – A formação dos membros

Capítulo XVIII – A fundação de novos institutos

Capítulo XIX – As obras próprias dos institutos que devem ser conservadas, atualizadas ou abandonadas

Capítulo XX – Os institutos e mosteiros decadentes

Capítulo XXI – A união dos institutos

Capítulo XXII – As conferências dos superiores maiores

Capítulo XIII – O fomento das vocações religiosas

Optatam totius

Decreto sobre a formação sacerdotal (28 de outubro de 1965; 2.321 votantes; 2.318 votos a favor, 3 contra).

Capítulo I – Tipo de formação sacerdotal que se deve adotar em cada país
Capítulo II – Incentivo mais intenso das vocações sacerdotais
Capítulo III – Organização dos seminários maiores
Capítulo IV – Maior aperfeiçoamento da formação espiritual
Capítulo V – Reestruturação dos estudos eclesiásticos
Capítulo VI – Promoção da formação estritamente pastoral
Capítulo VII – Aperfeiçoamento da formação após o currículo dos estudos

Gravissimum educationis

Declaração sobre a educação cristã (28 de outubro de 1965; 2.395 votantes; 2.290 votos a favor, 35 contra).

Capítulo I – O direito universal à educação e sua noção
Capítulo II – A educação cristã
Capítulo III – Os responsáveis pela educação
Capítulo IV – Os diversos subsídios da educação cristã
Capítulo V – A importância da escola
Capítulo VI – Deveres e direitos dos pais
Capítulo VII – Educação moral e religiosa em todas as escolas
Capítulo VIII – Escolas católicas
Capítulo IX – Diversos tipos de escolas católicas
Capítulo X – As faculdades e universidades católicas
Capítulo XI – Faculdades de ciências sagradas
Capítulo XII – Associações interescolares

Nostra aetate

Declaração sobre as relações da Igreja com as religiões não cristãs (28 de outubro de 1965; 28 de outubro de 1965; 2.310 votantes; 2.221 votos a favor, 88 votos contra, 1 nulo).

Capítulo I – As diversas religiões não cristãs
Capítulo II – A religião muçulmana
Capítulo III – A religião judaica
Capítulo IV – A fraternidade universal com exclusão de qualquer discriminação

Apostolicam actuositatem

Decreto sobre o apostolado dos leigos (18 de novembro de 1965; 2.342 votantes; 2.340 votos a favor, 2 contra).
Capítulo I – A vocação dos leigos ao apostolado
Capítulo II – Os objetivos a serem visados
Capítulo III – Campos de apostolado
Capítulo IV – As modalidades diversas do apostolado
Capítulo V – Observância da reta ordem
Capítulo VI – A formação para o apostolado
Capítulo VII – Os formadores dos apóstolos
Capítulo VIII – Formação adequada para os diversos tipos de apostolado
Capítulo IX – Meios a serem empregados

Dei Verbum

Constituição dogmática sobre a divina Revelação (18 de novembro de 1965; 2.350 votantes; 2.344 votos a favor, 6 contra).
Capítulo I – A Revelação como tal
Capítulo II – A transmissão da divina Revelação
Capítulo III – A inspiração divina da Sagrada Escritura e sua interpretação
Capítulo IV – O Antigo Testamento
Capítulo V – O Novo Testamento
Capítulo VI – A Sagrada Escritura na vida da Igreja

Ad gentes divinitus

Decreto sobre a atividade missionária da Igreja (7 de dezembro de 1965; 2.399 votantes; 2.394 votos a favor, 5 contra).

Capítulo I – Os princípios doutrinais
Capítulo II – A obra missionária como tal
Capítulo III – As Igrejas particulares
Capítulo IV – Os missionários
Capítulo V – A organização da atividade missionária
Capítulo VI – A cooperação

Presbyterorum ordinis

Decreto sobre o ministério e a vida dos presbíteros (7 de dezembro de 1965; 2.394 votantes; 2.390 votos a favor, 4 contra).

Capítulo I – O presbiterato na missão da Igreja
Capítulo II – O ministério dos presbíteros
Capítulo III – A vida dos presbíteros

Gaudium et spes

Constituição sobre a Igreja no mundo contemporâneo (7 de dezembro de 1965; 2.391 votantes; 2.309 votos a favor, 75 contra, 7 nulos).

Proêmio: Solidariedade da Igreja com a família humana universal
Introdução: A condição do homem no mundo de hoje
Parte I: A Igreja e a vocação do homem
Capítulo I – A dignidade da pessoa humana
Capítulo II – A comunidade humana
Capítulo III – Sentido da atividade humana no mundo
Capítulo IV – A missão da Igreja no mundo contemporâneo
Parte II: Alguns problemas mais urgentes
Capítulo I – A promoção da dignidade do matrimônio e da família
Capítulo II – A conveniente promoção da cultura
Capítulo III – Vida econômico-social
Capítulo IV – A vida da comunidade política
Capítulo V – A construção da paz e a promoção da comunidade dos povos

Dignitatis humanae

Declaração sobre a liberdade religiosa (7 de dezembro de 1965; 2384 votantes; 2.308 votos a favor, 70 contra, 6 nulos).

Capítulo I – A liberdade religiosa em sentido genérico

Capítulo II – A liberdade religiosa à luz da Revelação

CAPÍTULO IX
IGREJA E SOCIEDADE NO VATICANO II

A fundamental questão das relações entre Igreja e sociedade atravessa todo o Vaticano II – evento e documentos –, mas é particularmente tratada na *Gaudium et spes*. A *Gaudium et spes*, depois do mais longo proêmio dos documentos do Vaticano II, articulado em três itens – solidariedade da Igreja com a família humana, destinatários das palavras do Concílio, a serviço do homem (GS 1-3) – e com uma reflexão fenomenológica sobre a condição do homem no mundo de hoje (GS 4-10), faz, em sua *primeira parte*, uma reflexão teológica sobre a Igreja e a vocação do homem – a Igreja e a vocação do homem, a comunidade humana, o sentido da atividade humana no mundo e a função da Igreja no mundo de hoje (GS 11-45) – e, em sua *segunda parte*, aborda alguns problemas mais urgentes: matrimônio e família; cultura; economia e sociedade; política (GS 46-90); concluindo, de maneira semelhante ao proêmio, com três itens: o dever de cada fiel na Igreja local, o diálogo entre todos os seres humanos, a construção do mundo (GS 91-93).

Alguns outros documentos, embora seu objeto não seja formalmente a sociedade (ou o mundo), devem ser levados em conta quando se trata das questões atinentes à Igreja e sociedade: os decretos *Apostolicam actuositatem*, *Ad gentes*, *Gravissimum educationis* e *Inter mirifica*; as declarações *Dignitatis humanae* e *Nostra aetate*.

Limitamo-nos, aqui, às grandes linhas definidas e às novas perspectivas inauguradas pela *Gaudium et spes* e, muito sucintamente, por outros documentos.

9.1 Na Constituição pastoral *Gaudium et spes*

Em que pesem os limites e fragilidades da *Gaudium et spes*, apontados em sua fase de elaboração e posteriormente sua contribuição para a questão das relações entre a Igreja e o mundo contemporâneo poderiam ser compendiadas em alguns elementos de valor universal e permanente:

– a Igreja olha para o mundo com o mesmo amor de Cristo voltado para todos os homens e mulheres sem distinção;

– a Igreja olha para antes e para além de si, numa busca profunda de tudo o que é humano;

– a Igreja não deixa de se interessar pelas verdades, práticas e valores religiosos, mas abre-se com sinceridade e simpatia para os valores do mundo. Diferentemente de Pio IX, que se preocupa predominantemente com o poder temporal da Igreja e do papa, rejeita explicitamente os valores do mundo moderno e não diz praticamente nada de significativo sobre os grandes acontecimentos do seu tempo (colonialismo, industrialização, liberalismo econômico, situação desesperada do proletariado, direitos humanos), a *Gaudium et spes*, indo muito além de Leão XIII, Pio XI e Pio XII, inaugura um novo paradigma na atitude global da Igreja em relação à sociedade (ou ao mundo);

– a comunidade dos crentes não constitui um mundo separado, mas vive e age no coração da comunidade humana e em união com ela, compartilhando o mesmo destino terreno, e, dentro desta imensa comunidade humana, deve agir como um fermento de vida, de luz e de ação;

– a Igreja quer estabelecer, com todos, um diálogo vivo e vital, e uma colaboração oferecida com otimismo e confiança, em todos os campos, na caminhada da humanidade na direção de uma vida sempre mais humana;

– a *Gaudium et spes* oferece um modelo de diálogo: não só deixa o mundo falar e se dispõe a ouvi-lo com amor, mas quer que o mundo fale por primeiro: a Igreja não parte da sua missão de salvação para todos os homens, mas da condição humana contemporânea;

– a Igreja perscruta os "sinais dos tempos"[1] para neles ver as necessidades e aspirações da humanidade e, aí mesmo, à luz do Evangelho, interceptar

---

[1] Esta perspectiva é cara a João XXIII (cf. *Humanae salutis*; *Pacem in terris*) e a Paulo VI: não é preciso "crer que a perfeição está na imobilidade dessas formas que a Igreja foi revestindo através dos séculos; ou julgar que ela consiste em tornarmo-nos refratários a qualquer aproximação nossa às formas hoje comuns e aceitáveis nos costumes e na índole do nosso tempo. A palavra, hoje famosa, do nosso venerado predecessor João XXIII de feliz memória, a palavra '*aggiornamento*' (atualização), sempre a teremos presente como orientação programática; confirmamo-la como critério diretivo do Concílio Ecumênico e continuaremos a recordá-la como estímulo à vitalidade sempre renascente da Igreja, à sua capacidade sempre atenta a descobrir os *sinais dos tempos*, e à sua agilidade sempre juvenil de sempre e em toda a parte 'tudo provar e de tomar para si o que é bom' (1Ts 5,21)" (*Ecclesiam suam* 27).

a presença e atuação salvadora de Deus: os fatos e as situações históricas mudam e nos convidam a uma busca e a uma compreensão constantemente nova, a uma nova ação e a novas respostas;

– a Igreja não é estranha ao mundo nem deve dar seus conselhos ou fazer suas intervenções do alto ou de fora das vicissitudes humanas: a Igreja, que vem da Trindade, "tem um fim salvador e escatológico, o qual só se poderá atingir plenamente no outro mundo. Mas ela existe já atualmente na terra, composta de homens que são membros da cidade terrena e chamados a formar já na história humana a família dos filhos de Deus, a qual deve crescer continuamente até à vinda do Senhor. Unida em vista dos bens celestes e com eles enriquecida, esta família foi por Cristo 'constituída e organizada como sociedade neste mundo', dispondo de 'convenientes meios de unidade visível e social'. Deste modo, a Igreja, simultaneamente 'agrupamento visível e comunidade espiritual', caminha juntamente com toda a humanidade, participa da mesma sorte terrena do mundo e é como que o fermento e a alma da sociedade humana, a qual deve ser renovada em Cristo e transformada em família de Deus" (GS 40 b);

– o Concílio reconhece a autonomia das realidades terrenas ou temporais, e deplora "certas atitudes de espírito que não faltaram entre os mesmos cristãos, por não reconhecerem suficientemente a legítima autonomia da ciência [por exemplo] e que, pelas disputas e controvérsias a que deram origem, levaram muitos espíritos a pensar que a fé e a ciência eram incompatíveis" (cf. GS 36);

– a Igreja pensa que "muito pode ajudar para tornar mais humana a família dos homens e a sua história" (GS 40), ao mesmo tempo, porém, que "não ignora quanto recebeu da história e evolução do gênero humano", inclusive quando é objeto de hostilidade e perseguição (GS 44);

– dado que "a Igreja não está ligada, por força da sua missão e natureza, a nenhuma forma particular de cultura ou sistema político, econômico ou social", ela pode, "graças a esta sua universalidade, constituir um laço muito estreito entre as diversas comunidades e nações, contanto que nela confiem e lhe reconheçam a verdadeira liberdade para cumprir esta sua missão" (GS 42);

– o Concílio exorta os cristãos, "cidadãos de ambas as cidades, a que procurem cumprir fielmente os seus deveres terrenos, guiados pelo espírito do Evangelho. Afastam-se da verdade os que, sabendo que não temos aqui na terra uma cidade permanente, mas que vamos em demanda da futura, pensam que podem por isso descuidar os seus deveres terrenos, sem atenderem a que a própria fé ainda os obriga mais a cumpri-los, segundo a vocação própria de cada um. Mas não menos erram os que, pelo contrário, opinam poder entregar-se às ocupações terrenas, como se estas fossem inteiramente alheias à vida religiosa, a qual pensam consistir apenas no cumprimento dos atos de culto e de certos deveres morais. Este divórcio entre a fé que professam e o comportamento quotidiano de muitos deve ser contado entre os mais graves erros do nosso tempo" (GS 43).

A *Gaudium et spes* oferece, em seu antepenúltimo número, um princípio de interpretação atualizadora e de constante *aggiornamento*:

> Certamente, perante a imensa diversidade de situações e de formas de cultura existentes no mundo, esta proposição de doutrina [do conjunto da constituição pastoral] reveste intencionalmente, em muitos pontos, apenas um caráter genérico; mais ainda: embora formule uma doutrina aceite na Igreja, todavia, como se trata frequentemente de realidades sujeitas a constante transformação, *deve ainda ser continuada e ampliada*. Confiamos, porém, que muito do que enunciamos apoiados na palavra de Deus e no espírito do Evangelho poderá proporcionar a todos uma ajuda válida, sobretudo depois de os cristãos terem levado a cabo, sob a direção dos pastores, a adaptação a cada povo e mentalidade" (GS 91 b).

No que diz respeito à particular missão da Igreja nas realidades culturais, sociais, políticas e econômicas, em estreita ligação com a *Gaudium et spes*,[2] o decreto *Apostolicam actuositatem* afirma a responsabilidade do conjunto da Igreja, dos pastores, e dos leigos:

> *Toda a Igreja* deve trabalhar por tornar os homens capazes de edificar retamente a ordem temporal e de a ordenar, por Cristo, para Deus. Aos *pastores* compete propor claramente os princípios relativos ao fim da criação e ao uso do mundo e proporcionar os auxílios morais e espirituais para que a ordem temporal se edifique em Cristo. Quanto aos *leigos*, devem eles assumir como encargo próprio seu essa edificação da ordem temporal e agir nela de modo direto e definido, guiados pela luz do Evangelho e a mente da Igreja e movidos pela caridade cristã; enquanto

---

[2] Cf. *Gaudium et spes* 43 b.

cidadãos, cooperar com os demais com a sua competência específica e a própria responsabilidade; buscando sempre e em todas as coisas a justiça do reino de Deus. A ordem temporal deve ser construída de tal modo que, respeitadas integralmente as suas leis próprias, se torne, para além disso, conforme aos princípios da vida cristã, de modo adaptado às diferentes condições de lugares, tempos e povos. Entre as atividades deste apostolado sobressai a ação social dos cristãos, a qual o sagrado Concílio deseja que hoje se estenda a todos os domínios temporais, sem excetuar o da cultura" (AA 7 d, e).

A Gaudium et spes, a este respeito, acrescenta alguns critérios importantes: a) competência e respeito às leis de cada domínio (latim: "disciplina"); b) cooperação com as pessoas que buscam os mesmos fins; c) elaboração e implementação de novas iniciativas ("primeirear", diria Francisco), respeitando sempre as exigências da fé; d) competência da sua consciência previamente bem-formada em imprimir a lei divina na vida da cidade terrestre, tomando por si mesmas as próprias responsabilidades; e) consciência de que os pastores nem sempre estão preparados para qualquer questão, mesmo grave, que surja, ou que tal seja a sua missão; f) legitimidade de opiniões divergentes, em certas circunstâncias concretas, a partir da mesma concepção cristã; g) proibição de "em tais casos, invocar exclusivamente a favor da própria opinião a autoridade da Igreja"; h) diálogo.[3]

9.2 Em outros documentos conciliares

No decreto *Gravissimum educationis*, o Concílio, superando os objetivos da pastoral educativa dos concílios regionais do século XIX (conservar a fé católica, defender os costumes, encher as igrejas, apoiar as escolas religiosas, fazer a "Cristandade" viver e sobreviver) e indo além das perspectivas abertas por Pio XI (*Divini illius Magistri*, 13 de dezembro de 1929), Pio XII e João XXIII, aponta alguns critérios fundamentais da educação: a) a Igreja tem deveres para com cada pessoa humana enquanto tal e não só para com os filhos dos católicos; b) a ação educativa da Igreja deve abraçar todo o desenvolvimento humano, e não se limitar à instrução e à formação religiosa; c) a dimensão moral (direito de avaliar, com reta consciência, e de

---

[3] Cf. *Gaudium et spes* 43 b-c.

aceitar, com adesão pessoal, os valores morais) e vertical de toda educação, ou seja, o direito de todo ser humano a encontrar pessoalmente Deus.[4]

Para o Concílio, a missão não é, antes de tudo,

> uma ampliação geográfica da Igreja, um quilômetro depois do outro, um país depois do outro, mas o crescimento vital de todos e de cada um no amor. Se Deus reina verdadeiramente no coração de cada cristão, a começar pelo meu, se o Cristo vive plenamente em todos, e em mim por primeiro, o fogo divino do amor – o Espírito Santo – arderá numa Igreja incandescente, e incendiará todo o mundo...[5]

Daí que o decreto *Ad gentes* sobre a atividade missionária da Igreja, coerente com as perspectivas de fundo do Concílio, indica o caminho jesuânico da pobreza, do serviço e da entrega da vida como caminho da missão da Igreja:

> Continuando (...) e explicitando através da história a missão do próprio Cristo, que foi enviado a evangelizar os pobres, a Igreja, movida pelo Espírito Santo, deve seguir o mesmo caminho de Cristo: o caminho da pobreza, da obediência, do serviço e da imolação própria até à morte, morte de que ele saiu vencedor pela sua ressurreição. Foi assim também que todos os Apóstolos caminharam na esperança completando com muitas tribulações e fadigas o que faltava aos trabalhos de Cristo pelo seu corpo, que é a Igreja. Muitas vezes, mesmo, a semente foi o sangue dos cristãos.[6]

O Concílio reservou apenas seis horas de debate para os meios de comunicação social, chamados "o quarto poder", dada a importância e a influência que têm sobre os indivíduos e as sociedades, nos dias atuais. A despeito de sua fragilidade, o decreto *Inter mirifica* aborda questões importantes como o direito à informação (cf. IM 5), o papel ativo e crítico dos receptores (cf. IM 9), o dever da autoridade de garantir a verdadeira e justa liberdade de informação (cf. IM 12).

---

[4] Cf. *Gravissimum educationis* 1.
[5] Th. REY-MERMET. *Credere, 3. La fede riproposta dal Vaticano II*. Bologna, EDB, 1981, p. 193.
[6] *Ad gentes* 5 b.

Enquanto a *Gaudium et spes* é o mais longo documento do Concílio, a declaração sobre a liberdade religiosa, *Dignitatis humanae*, é o mais breve, o mais duramente debatido e um dos mais claros testemunhos de que a Igreja vivia uma mudança epocal. Em linha com a *Gaudium et spes*, que constata "a consciência da eminente dignidade da pessoa humana, por ser superior a todas as coisas e os seus direitos e deveres serem universais e invioláveis" (...) e precisa que "é necessário, portanto, tornar acessíveis ao homem todas as coisas de que necessita para levar uma vida verdadeiramente humana", incluindo "o direito de agir segundo as normas da própria consciência, direito à proteção da sua vida e à justa liberdade mesmo em matéria religiosa" (GS 26 b), a declaração *Dignitatis humanae* afirma categoricamente:

> Este Concílio Vaticano declara que a pessoa humana tem direito à liberdade religiosa. (...) Declara, além disso, que o direito à liberdade religiosa se funda realmente na própria dignidade da pessoa humana, como a palavra revelada de Deus e a própria razão a dão a conhecer (2). Este direito da pessoa humana à liberdade religiosa na ordem jurídica da sociedade deve ser de tal modo reconhecido que se torne um direito civil (DH 2 a).

Com a declaração *Nostra aetate*, o Vaticano II pretendeu pôr um ponto final em quase dois mil anos de separações, oposições, condenações e guerras político-religiosas que, justamente no nosso tempo (*nostra aetate*), atingiram e superaram os limites do absurdo; uma era de mútuo conhecimento, de respeito, de estima, de escuta, de amizade, de colaboração inaugurou-se – espera-se – para sempre. As teses principais podem ser assim resumidas: a) todos os povos formam uma só comunidade; b) todos os povos têm uma só origem; c) todos os povos têm um só fim último; d) todos os povos buscam nas suas religiões a resposta às mesmas perguntas (cf. DH 1); e) em cada religião se encontra um raio daquela verdade que ilumina todos os homens; f) a Igreja católica nada rejeita do que é verdadeiro e santo nessas religiões; g) a Igreja respeita os modos de agir e de viver, os preceitos e as doutrinas que muitas vezes refletem um raio daquela verdade que ilumina todos os homens; h) a Igreja anuncia e tem o dever de anunciar incessantemente Cristo, que é o caminho, a verdade e a vida, em quem os seres humanos encontram a plenitude da vida religiosa e em quem Deus reconciliou consigo todas as coisas (cf. 2Cor 5,18-19) (cf. DH 2).

CAPÍTULO X
"PÉROLAS" DO TESOURO DO CONCÍLIO

> Roubaste meu coração com um só olhar,
> com uma só *pérola* do teu colar (Ct 4,9).

Conhecer o Concílio é, finalmente, conhecer seus textos e documentos. O caminho feito até aqui não foi senão uma pequena introdução a este *"mare magnum"* do evento e da produção conciliar. A modo de aperitivo e degustação, é oferecida uma seleção de textos tirados das quatro constituições: *Dei Verbum, Sacrosanctum concilium, Lumen gentium e Gaudium et spes*. O intuito é que estas "pérolas do Concílio"[1] motivem os leitores e as leitoras a ir aos próprios textos conciliares, em sua inteireza e totalidade.

Dei Verbum

"Ouvindo religiosamente a palavra de Deus e proclamando-a com confiança" (DV 1).

"Aprouve a Deus, em sua bondade e sabedoria, revelar-se a si mesmo" (DV 2).

"Levado por seu grande amor, fala aos homens como a amigos" (DV 2).

"O mesmo Espírito Santo aperfeiçoa continuamente a fé por meio dos seus dons" (DV 5).

"Pela revelação divina quis Deus manifestar-se e comunicar-se a si mesmo" (DV 6).

"Em quem [Cristo] se consuma toda a revelação do sumo Deus" (DV 7).

---

[1] Cf. M. VERGOTTINI (ed.). *Perle del Concilio dal tesoro del Vaticano II*. Bologna, Edizioni Dehoniane, 2013.

"Esta Tradição, oriunda dos Apóstolos, progride na Igreja sob a assistência do Espírito Santo" (DV 8).

"Cresce a compreensão tanto das coisas como das palavras transmitidas" (DV 8).

"Pela mesma Tradição torna-se conhecido à Igreja o cânon completo dos livros sagrados" (DV 8).

"A viva voz do Evangelho ressoa na Igreja e através dela no mundo" (DV 8).

"A sagrada Tradição e a sagrada Escritura estão portanto entre si estreitamente unidas e comunicantes" (DV 9).

"O magistério evidentemente não está acima da palavra de Deus, mas a seu serviço" (DV 10).

"As coisas divinamente reveladas, que estão contidas por escrito e se manifestam na sagrada Escritura, foram escritas por inspiração do Espírito Santo" (DV 11).

"Na redação dos livros sagrados Deus escolheu homens, dos quais se serviu fazendo-os usar suas próprias faculdades e capacidades, a fim de que, agindo ele próprio neles e por eles, escrevessem, como verdadeiros autores, tudo e só aquilo que ele próprio quisesse" (DV 11).

"Deus, na sagrada Escritura, falou através de homens e de modo humano" (DV 12).

"A sagrada Escritura deve ser lida e interpretada naquele mesmo Espírito em que foi escrita" (DV 12).

"Deve-se atender com não menor diligência ao conteúdo e à unidade de toda a Escritura, levando em conta a Tradição viva de toda a Igreja e a analogia da fé" (DV 12).

"Na sagrada Escritura manifesta-se a admirável "condescendência" da eterna Sabedoria" (DV 13).

"As palavras de Deus expressas por línguas humanas se fizeram semelhantes à linguagem humana, como outrora o Verbo do Pai eterno" (DV 13).

"Estes livros manifestam, contudo, a verdadeira pedagogia divina" (DV 15).

"Deus de tal modo dispôs sabiamente que o Novo estivesse latente no Antigo e o Antigo se tornasse claro no Novo" (DV 16).

"A palavra de Deus é força divina para a salvação de todo crente" (DV 17).

"A palavra de Deus é apresentada e manifesta seu vigor de modo eminente nos escritos do Novo Testamento" (DV 17).

"Elevado da terra atrai todos a si (cf. Jo 12,32), ele, o único que tem palavras de vida eterna (cf. Jo 6,68)" (DV 17).

"O quadriforme Evangelho segundo Mateus, Marcos, Lucas e João" (DV 18).

"Enviou-lhes o Espírito Paráclito, que deveria introduzi-los à plenitude da verdade" (DV 20).

"A Igreja sempre venerou as sagradas Escrituras da mesma forma como o próprio Corpo do Senhor" (DV 21).

"Sem cessar toma da mesa tanto da Palavra de Deus quanto do Corpo de Cristo o pão da vida" (DV 21).

"É necessário, portanto, que toda a pregação eclesiástica, bem como a própria religião cristã, seja alimentada e regida pela sagrada Escritura" (DV 21).

"Nos livros sagrados o Pai vem carinhosamente ao encontro de seus filhos e com eles fala" (DV 21).

"É necessário que os fiéis tenham amplo acesso à sagrada Escritura" (DV 22).

"A Igreja fomenta o estudo dos santos padres do Oriente e do Ocidente" (DV 23).

"A Igreja, instruída pelo Espírito Santo, se esforça para conseguir uma compreensão cada dia mais profunda da sagrada Escritura" (DV 23).

"A sagrada teologia apoia-se como em perene fundamento na palavra escrita de Deus inseparável da sagrada Tradição" (DV 24).

"Apeguem-se às Escrituras por meio de assídua leitura espiritual e diligente estudo" (DV 25).

"Ignorar as Escrituras é ignorar Cristo" (DV 25).

"A leitura da sagrada Escritura deve ser acompanhada pela oração a fim de que se estabeleça o diálogo entre Deus e o homem" (DV 25).

"Os filhos da Igreja se familiarizem com segurança e proveito com as Escrituras sagradas e se imbuam de seu espírito" (DV 25).

"O tesouro da Revelação confiado à Igreja cada vez mais encha os corações dos homens" (DV 26).

"É lícito esperar um novo impulso de vida espiritual de uma acrescida veneração pela palavra de Deus" (DV 26).

Sacrosanctum Concilium

"O Sacrossanto Concílio propõe-se fomentar sempre mais a vida cristã entre os fiéis" (SC 1).

"O Sacrossanto Concílio propõe-se adaptar melhor às condições de nossa época as instituições que são suscetíveis de mudanças" (SC 1).

"O Sacrossanto Concílio se propõe favorecer tudo o que possa contribuir para a união dos que creem em Cristo" (SC 1).

"O Sacrossanto Concílio se propõe promover tudo o que conduz ao chamamento de todos ao seio da Igreja" (SC 1).

"A liturgia, principalmente no divino sacrifício da Eucaristia, contribui de modo excelente para que os fiéis exprimam em suas vidas e manifestem aos outros o mistério de Cristo e a genuína natureza da verdadeira Igreja" (SC 2).

"A liturgia robustece as forças dos fiéis para que anunciem Cristo" (SC 2).

"A Santa Mãe Igreja deseja que os ritos (legitimamente reconhecidos) sejam cuidadosa e integralmente revistos, conforme o espírito da sã tradição, e se lhes dê novo vigor em vista das atuais condições e necessidades" (SC 4).

"Do lado de Cristo dormindo na cruz nasceu o admirável Sacramento de toda a Igreja" (SC 5).

"Pelo batismo, os seres humanos são inseridos no mistério pascal de Cristo" (SC 6).

"A liturgia é o cume para o qual tende a ação da Igreja e, ao mesmo tempo, a fonte donde emana toda a sua força" (SC 10).

"A Mãe Igreja ardentemente deseja que todos os fiéis sejam levados àquela plena, consciente e ativa participação nas celebrações litúrgicas, que a própria natureza da liturgia exige e à qual, em virtude do batismo, o povo cristão tem direito e obrigação" (SC 14).

"É necessário que essa participação plena e ativa de todo o povo seja cuidadosamente considerada na reforma e no incremento da Sagrada Liturgia" (SC 14).

"É necessário que seja favorecido aquele gosto saboroso e vivo pela Sagrada Escritura" (SC 24).

"Também os ajudantes, leitores, comentadores e componentes do coral desempenham um verdadeiro ministério litúrgico" (SC 29).

"Para promover uma participação ativa, trate-se de incentivar as aclamações do povo, as respostas, as salmodias, as antífonas e os cânticos, bem como as ações e os gestos e as atitudes corporais" (SC 30).

"A sagrada liturgia representa também um grande valor pedagógico para o povo fiel" (SC 33).

"As cerimônias resplandeçam de nobre simplicidade" (SC 34).

"Incentive-se a celebração sagrada da palavra de Deus, nas vigílias das festas mais solenes, em alguns dias feriais do Advento e da Quaresma, como também nos domingos e dias santos, sobretudo naqueles lugares onde falta o sacerdote" (SC 35).

"A pregação beba sobretudo nas fontes da sagrada Escritura e da liturgia" (SC 35).

"Os fiéis não assistam a este mistério da fé como estranhos ou como espectadores mudos, mas (...) participem consciente, piedosa e ativamente da ação sagrada" (SC 48).

"Com a finalidade de mais ricamente preparar a mesa da Palavra de Deus para os fiéis, os tesouros da Bíblia sejam mais largamente abertos" (SC 51).

"Nas missas celebradas com o povo, pode-se dar conveniente lugar à língua viva" (SC 51).

"O ofício divino está estruturado de tal modo que todo o curso do dia e da noite seja consagrado ao louvor de Deus" (SC 84).

"A santa Igreja venera com especial amor a bem-aventurada Maria, mãe de Deus, que, por um vínculo indissolúvel, está unida à obra salvífica de seu Filho; [em Maria] admira e exalta o mais excelente fruto da Redenção e contempla com alegria, como numa imagem puríssima, aquilo que ela mesma deseja e espera ser" (SC 103).

"O domingo é a festa primordial que deve ser lembrada e inculcada na alma dos fiéis, de modo que seja também um dia de alegria e de descanso do trabalho" (SC 106).

"A santa mãe Igreja foi sempre amiga das belas artes" (SC 122).

"Também a arte do nosso tempo e de todos os povos e países tenha na Igreja liberdade de expressão" (SC 123).

Lumen gentium

"A Igreja é em Cristo como que o sacramento" (LG 1).

"O início e o crescimento da Igreja são significados pelo sangue e pela água que manaram do lado aberto de Jesus crucificado" (LG 3).

"Todos os homens são chamados a esta união com Cristo, que é a luz do mundo" (LG 3).

"Povo reunido na unidade do Pai e do Filho e do Espírito Santo" (LG 4).

"O Reino se manifesta sobretudo na própria pessoa de Cristo" (LG 5).

"[Cristo] veio para servir e dar a sua vida em redenção por muitos" (LG 5).

"[A Igreja] constitui na terra o germe e início deste Reino" (LG 5).

"A íntima natureza da Igreja nos é dada conhecer por várias imagens" (LG 6).

"Participando realmente do Corpo do Senhor na fração do pão eucarístico, somos elevados à comunhão com ele e entre nós" (LG 7).

"Desta maneira todos nós nos tornamos membros daquele corpo (cf. 1Cor 10,7)" (LG 7).

"Todos os membros devem conformar-se a ele, até que Cristo seja formado neles (cf. Gl 4,19)" (LG 7).

"Ele mesmo distribui continuamente os dons dos ministérios no seu corpo que é a Igreja, através dos quais, pela força derivada dele, nos prestamos mutuamente os serviços para a salvação" (LG 7).

"Cristo ama a Igreja como sua esposa" (LG 7).

"É esta a única Igreja de Cristo que, no Símbolo, professamos una, santa, católica e apostólica" (LG 8).

"Esta Igreja, constituída e organizada neste mundo como uma sociedade, subsiste na Igreja católica governada pelo sucessor de Pedro e pelos bispos em comunhão com ele, embora fora de sua visível estrutura se encontrem vários elementos de santificação e verdade, que, como dons próprios à Igreja de Cristo, impelem à unidade católica" (LG 8).

"Assim como Cristo realizou a obra da redenção na pobreza e na perseguição, assim a Igreja é chamada a seguir o mesmo caminho a fim de comunicar aos homens os frutos da salvação" (LG 8).

"A Igreja não foi instituída para buscar a glória terrestre" (LG 8).

"A Igreja cerca de amor todos os afligidos pela fraqueza humana" (LG 8).

"A Igreja reconhece nos pobres e sofredores a imagem do seu fundador, pobre e sofredor, faz o possível para mitigar-lhes a pobreza e neles procura servir a Cristo" (LG 8).

"Reunindo em seu próprio seio os pecadores, ao mesmo tempo santa e sempre na necessidade de purificar-se, busca sem cessar a penitência e a renovação" (LG 8).

"É fortalecida pela força do Senhor ressuscitado, a fim de vencer pela paciência e pela caridade as suas aflições e dificuldades tanto internas quanto externas" (LG 8).

"Para revelar em meio ao mundo, com fidelidade, ainda que não perfeitamente, até que, no fim dos tempos, ele seja manifestado em plena luz" (LG 8).

"Deus quis santificar e salvar os homens não singularmente, sem nenhuma conexão uns com os outros" (LG 9).

"Deus quis constituí-los num povo que o conhecesse na verdade e santamente o servisse" (LG 9).

"Este povo messiânico tem por cabeça Cristo, tem por condição a dignidade e a liberdade dos filhos de Deus, em cujos corações habita o Espírito como num templo" (LG 9).

"A Igreja é comunidade congregada daqueles que, crendo, voltam seu olhar a Jesus, autor da salvação e princípio da unidade e da paz" (LG 9).

"A Igreja, sob a ação do Espírito Santo, não desista de renovar a si mesma" (LG 9).

"Todos os discípulos de Cristo ofereçam-se como vítima viva, santa e agradável a Deus" (LG 10).

"O sacerdócio comum dos fiéis e o sacerdócio ministerial ou hierárquico ordenam-se um ao outro, embora se diferenciem na essência e não apenas em grau, pois ambos participam, cada qual a seu modo, do único sacerdócio de Cristo" (LG 10).

"Participando do sacrifício eucarístico, fonte e ápice de toda a vida cristã, oferecem a Deus a vítima divina e a si mesmos com ela" (LG 11).

"Os pais sejam para os filhos, pela palavra e pelo exemplo, os primeiros mestres da fé" (SC 11).

"O conjunto dos fiéis, ungidos que são pela unção do Santo, não pode enganar-se no ato de fé" (LG 12).

"O povo de Deus, com reto juízo, penetra-a [a fé] mais profundamente e mais plenamente a aplica à vida" (LG 12).

"Todos os homens são chamados a pertencer ao novo povo de Deus" (LG 13).

"O todo e cada uma das partes se beneficiam, comunicando entre si as riquezas e aspirando à plenitude na unidade" (LG 13).

"O único mediador e o caminho da salvação é Cristo" (LG 14).

"Não se salva, contudo, embora incorporado à Igreja, aquele que, não perseverando na caridade, permanece no seio da Igreja 'com o corpo', mas não 'com o coração'" (LG 14).

"O plano da salvação abrange também aqueles que reconhecem o Criador" (LG 16).

"Deus não está longe nem dos outros que procuram o Deus desconhecido em sombras e sob imagens" (LG 16).

"A Igreja continua incessantemente a enviar os pregadores, até que as Igrejas nascentes sejam plenamente constituídas e continuem elas mesmas o trabalho de evangelizar" (LG 17).

"A Igreja trabalha de maneira tal que tudo o que de bom se encontra semeado no coração e na mente dos homens ou nos próprios ritos e culturas dos povos, não só não desapareça, mas seja sanado, elevado e aperfeiçoado" (LG 17).

"Cabe a cada discípulo de Cristo o dever de difundir a fé" (LG 17).

"Esta missão divina, confiada por Cristo aos Apóstolos, deverá durar até o fim dos séculos" (LG 20).

"Enquanto composto de muitos, este Colégio [episcopal] exprime a variedade e a universalidade do povo de Deus: e enquanto unido sob um chefe, exprime a unidade do rebanho de Cristo" (LG 22).

"Esta Igreja de Cristo está verdadeiramente presente em todas as legítimas assembleias locais de fiéis" (LG 26).

"Os bispos não usarão deste poder senão para edificar sua grei na verdade e santidade, lembrados de que quem é o maior deve portar-se como o menor, e o que manda como quem serve (cf. Lc 22,26-27)" (LG 27).

"Os presbíteros trabalham de verdade na pregação e no ensino (cf. 1Tm 5,17), crendo no que lerem quando meditam na lei do Senhor, ensinando o que creem e praticando o que ensinam" (LG 28).

"Os presbíteros formam com seu bispo um único presbitério" (LG 28).

"Como pais em Cristo, cuidem dos fiéis, que espiritualmente geraram pelo batismo e pela pregação" (LG 28).

"Misericordiosos e diligentes, [os diáconos] procedam de harmonia com a verdade do Senhor, que se fez servidor de todos" (LG 29).

"Todos cooperem unanimemente na obra comum" (LG 30).

"Por sua vocação própria, é próprio dos leigos procurar o Reino de Deus exercendo funções temporais e ordenando-as segundo Deus" (LG 31).

"Comum a dignidade dos membros pela regeneração em Cristo. Comum a graça dos filhos. Comum a vocação à perfeição. Uma só a salvação, uma só a esperança e indivisa a caridade" (LG 32).

"Não há, pois, em Cristo e na Igreja, nenhuma desigualdade em vista de raça ou nação, condição social ou sexo" (LG 32).

"Cristo continuamente exerce seu múnus profético também através dos leigos, para que brilhe a força do Evangelho na vida cotidiana, familiar e social" (LG 35).

"Os sacramentos da nova lei prefiguram o novo céu e a nova terra (cf. Ap 21,1)" (LG 35).

"Esta evangelização, isto é, este anunciar Cristo por um testemunho vivo e pela palavra falada, adquire características específicas e eficácia particular pelo fato de se realizar nas condições normais do mundo" (LG 35).

"[Marido e mulher] ser um para o outro e para os filhos testemunhas da fé e do amor de Cristo" (LG 35).

"Os leigos procurem diligentemente um conhecimento mais profundo da verdade revelada, e instantemente peçam a Deus o dom da sabedoria" (LG 35).

"Os fiéis devem reconhecer a natureza íntima de toda a criação, seu valor e sua ordenação ao louvor de Deus" (LG 36).

"Nenhuma atividade humana, nem mesmo nas coisas temporais, pode ser subtraída ao domínio de Deus" (LG 36).

"Deve ser rejeitada aquela infausta doutrina que intenta construir uma sociedade prescindindo totalmente da religião e ataca e destrói a liberdade religiosa dos cidadãos" (LG 36).

"Os leigos têm o direito de receber abundantemente de seus pastores os bens espirituais da Igreja" (LG 37).

"Os leigos têm o direito e, por vezes, até o dever de exprimir sua opinião sobre as coisas que se relacionam com o bem da Igreja" (LG 37).

"De boa vontade, [os pastores] utilizem-se do prudente conselho dos leigos. Com confiança, deixem-lhes liberdade e espaço de ação, aliás, encorajem-nos a empreender outras obras por iniciativa própria" (LG 37).

"Desta convivência familiar entre leigos e pastores se esperam muitos benefícios para a Igreja" (LG 37).

"O que é a alma no corpo, sejam os cristãos no mundo" (LG 38).

"Todos na Igreja são chamados à santidade" (LG 39).

"Precisamos continuamente da misericórdia de Deus" (LG 40).

"Todos seguem atrás do Cristo pobre, humilde e carregando a cruz" (LG 41).

"Os bispos exerçam seu ministério santamente e com alegria, com humildade e fortaleza" (LG 41).

"Os bispos exerçam o múnus perfeito da caridade pastoral" (LG 41).

"O verdadeiro discípulo de Cristo se distingue tanto pelo amor a Deus como pelo amor ao próximo" (LG 42).

"Todos devem estar prontos a confessar Cristo perante os homens, segui-lo no caminho da cruz entre perseguições, que nunca faltam à Igreja" (LG 42).

"A profissão dos conselhos evangélicos se apresenta como um sinal" (LG 44).

"Não se pense que os religiosos, por sua consagração, se tornem alheios aos demais homens e inúteis na cidade terrena" (LG 46).

"A Igreja só se consumará na glória celeste, quando chegar o tempo da restauração de todas as coisas" (LG 48).

"A Virgem Maria, na anunciação do anjo, recebeu o Verbo de Deus no coração e no corpo e trouxe a Vida ao mundo" (LG 53).

"[Maria] consagrou-se totalmente como serva do Senhor à pessoa e à obra de seu Filho" (LG 56).

"A Mãe de Deus é a figura da Igreja" (LG 63).

"Enquanto, na beatíssima Virgem Maria, a Igreja já atingiu a perfeição, os cristãos ainda se esforçam para crescer em santidade vencendo o pecado" (LG 65).

"A verdadeira devoção procede da verdadeira fé" (LG 67).

Gaudium et spes

"As alegrias e as esperanças, as tristezas e as angústias dos homens de hoje, sobretudo dos pobres e de todos os que sofrem, são também as alegrias e as esperanças dos discípulos de Cristo" (GS 1).

"Não se encontra nada verdadeiramente humano que não lhes ressoe no coração" (GS 1).

"A comunidade cristã se sente verdadeiramente solidária com o gênero humano e com sua história" (GS 1).

"É o ser humano que deve ser salvo. É a sociedade humana que deve ser renovada" (GS 3).

"Nenhuma ambição humana move a Igreja" (GS 3).

"É dever permanente da Igreja perscrutar os sinais dos tempos e interpretá-los à luz do Evangelho" (GS 4).

"O progresso das ciências biológicas, psicológicas e sociais não só contribui para que o homem se conheça melhor, mas fornece-lhe também os meios para influenciar diretamente na vida da sociedade" (GS 5).

"A humanidade passa de uma noção mais estática da ordem das coisas para uma concepção mais dinâmica e evolutiva" (GS 5).

"O Concílio pretende falar a todos, para iluminar o mistério do homem e para cooperar na busca de solução para os principais problemas do nosso tempo" (GS 10).

"A fé ilumina todas as coisas com luz nova" (GS 11).

"O povo de Deus e a humanidade, na qual ele está inserido, prestam-se um mútuo serviço, de tal modo que a missão da Igreja se manifeste como religiosa e, por isso mesmo, profundamente humana" (GS 12).

"O próprio Senhor veio libertar o homem e dar-lhe força, renovando-o interiormente" (GS 13).

"Não é lícito ao homem desprezar a vida corporal" (GS 14).

"Com o dom do Espírito Santo, o homem, na fé, chega a contemplar e a saborear o mistério do plano divino" (GS 15).

"No íntimo da consciência, o homem descobre uma lei. Ele não a dá a si mesmo. Mas a ela deve obedecer" (GS 16).

"O homem tem uma lei escrita por Deus em seu coração" (GS 16).

"A consciência é o núcleo mais secreto e o sacrário do homem" (GS 16).

"O homem, porém, não pode voltar-se para o bem a não ser livremente" (GS 17).

"A verdadeira liberdade é um sinal eminente da imagem de Deus no homem" (GS 17).

"Diante da morte, o enigma da condição humana atinge seu ponto mais alto" (GS 18).

"Cristo consegue esta vitória, por sua morte, libertando o homem da morte e ressuscitando para a vida" (GS 18).

"Desde o seu nascimento o homem é convidado para o diálogo com Deus" (GS 19).

"Na gênese do ateísmo, grande parte podem ter os crentes" (GS 19).

"A Igreja sustenta que o reconhecimento de Deus não se opõe de modo algum à dignidade do homem" (GS 21).

"Esta fé deve manifestar a sua fecundidade, penetrando toda a vida dos fiéis, também a profana, impulsionando-os à justiça e ao amor, sobretudo para com os necessitados" (GS 21).

"Na realidade, o mistério do homem só se ilumina verdadeiramente no mistério do Verbo encarnado" (GS 22).

"[O Filho de Deus encarnado] trabalhou com mãos humanas, pensou com inteligência humana, agiu com vontade humana, amou com coração humano" (GS 22).

"Devemos admitir que o Espírito Santo oferece a todos a possibilidade de se associarem, de modo conhecido por Deus, ao mistério pascal" (GS 22).

"Isto não vale só para os cristãos, mas também para todos os homens de boa vontade em cujos corações a graça opera de modo invisível" (GS 22).

"Cristo ressuscitou, com sua morte destruiu a morte e concedeu-nos a vida, para que, filhos no Filho, clamemos no Espírito: *Abbá*, Pai!" (GS 22).

"Esta semelhança [entre a união das pessoas divinas e a união dos filhos de Deus] manifesta que o homem, a única criatura que Deus quis por si mesma, não se pode encontrar plenamente senão no dom sincero de si mesmo" (GS 24).

"A pessoa humana é e deve ser o princípio, o sujeito e a finalidade de todas as instituições sociais" (GS 25).

"Todo grupo deve levar em conta as necessidades e aspirações legítimas dos outros grupos e, ainda mais, o bem comum de toda a família humana" (GS 26).

"O fermento evangélico despertou e desperta no coração do homem uma irrefreável exigência de dignidade" (GS 26).

"Sobretudo nos nossos tempos, temos a imperiosa obrigação de nos tornarmos o próximo de todo ser humano, se ele se apresenta a nós, e o servir ativamente" (GS 27).

"O respeito e a caridade devem se estender também àqueles que em assuntos sociais, políticos e mesmo religiosos pensam e agem de maneira diferente da nossa" (GS 28).

"A doutrina de Cristo pede que perdoemos também as injúrias e estende o preceito do amor a todos os inimigos" (GS 28).

"Todos, redimidos por Cristo, gozam da mesma vocação e destinação divina" (GS 29).

"O ser humano se fortalece quando compreende as inevitáveis necessidades da vida social, assume as exigências multiformes da solidariedade humana e se responsabiliza pelo serviço à comunidade humana" (GS 31).

"Podemos pensar legitimamente que o futuro da humanidade está depositado nas mãos daqueles que são capazes de transmitir às gerações de amanhã razões de viver e de esperar" (GS 31).

"Os cristãos estão bem longe de contrapor as obras produzidas pelo talento e a energia dos homens ao poder de Deus" (GS 34).

"O homem vale mais pelo que é do que pelo que tem" (GS 35).

"A autonomia das realidades terrestres está de acordo com a vontade do Criador" (GS 36).

"Permita-se-nos lamentar algumas atitudes que não faltaram, às vezes, entre os próprios cristãos, por não se reconhecer claramente a legítima autonomia das ciências" (GS 36).

"Todos os que creem, de qualquer religião, sempre ouviram a voz de Deus e a sua manifestação na linguagem das criaturas" (GS 36).

"Perturbada a hierarquia de valores e misturando-se o bem com o mal, os indivíduos e os grupos olham somente os próprios interesses e não os dos outros. O mundo já não é um lugar de fraternidade verdadeira, quando o aumentado poder da humanidade ameaça destruir o próprio gênero humano" (GS 37).

"Remido por Cristo e tornado criatura nova no Espírito Santo, o homem pode e deve amar as próprias coisas criadas por Deus. Ele as recebe de Deus e as olha e respeita como que saindo de suas mãos" (GS 37).

"Aprendemos da revelação que Deus prepara morada nova e nova terra onde habita a justiça" (GS 39).

"A esperança de uma nova terra, longe de atenuar, antes deve impulsionar a solicitude pelo aperfeiçoamento desta terra" (GS 39).

"O Reino já está presente em mistério aqui na terra. Com a vinda do Senhor, ele se consumará" (GS 39).

"Todo aquele que segue Cristo, o Homem perfeito, torna-se também mais homem" (GS 41).

"A Igreja, por força do Evangelho que lhe foi confiado, proclama os direitos humanos e aprecia muito o dinamismo do tempo de hoje, que promove estes direitos por toda parte" (GS 41).

"O Concílio exorta os cristãos, cidadãos de uma e outra cidade [Igreja e sociedade civil], a procurarem desempenhar fielmente suas tarefas terrestres, guiados pelo espírito do Evangelho" (GS 43).

"O divórcio entre a fé professada e a vida cotidiana de muitos deve ser enumerado entre os erros mais graves do nosso tempo" (GS 43).

"Outros fiéis, contudo, como acontece com frequência e legitimamente, com igual sinceridade pensarão de modo diferente sobre a mesma coisa" (GS 43).

"Também em nossos tempos não ignora a Igreja quanto se distanciam entre si a mensagem que ela profere e a fraqueza humana daqueles aos quais o Evangelho foi confiado" (GS 43).

"A experiência dos séculos passados, os progressos das ciências, os tesouros escondidos nas várias formas da cultura humana, pelos quais a natureza do próprio homem se manifesta mais plenamente e se abrem novos caminhos para a verdade, são úteis também à Igreja" (GS 43).

"A Igreja confessa que progrediu muito e pode progredir com a própria oposição dos seus adversários ou perseguidores" (GS 44).

"O Senhor é a finalidade da história humana, ponto ao qual convergem as aspirações da história e da civilização, centro da humanidade, alegria de todos os corações e plenitude de todos os seus desejos" (GS 45).

CONCLUSÃO

Chegamos, assim, ao fim de um caminho e ao início de outro. Até aqui, o caro leitor foi acompanhado por alguém que teve a graça de fazer a caminhada antes dele. Daqui em diante, começa o seu caminho, com este vade-mécum, esta "vai-comigo" entregue em suas mãos.

O caminho é longo. Não queira ler tudo de uma vez. Foram necessários mais de três anos para preparar o Concílio e, quando estava prestes a se iniciar, o cardeal Montini, arcebispo de Milão, comentou preocupado: "Não estamos prontos, precisaríamos de mais três anos de preparação". Foram necessários três anos para celebrá-lo, e só terminou em três anos porque o mesmo Montini, tornado Paulo VI, estabeleceu que a sessão prevista para 1965 seria a última.

O caminho, às vezes, se estreita. Não é para menos. O Concílio não foi uma reunião de comunidade ou de condomínio. Reuniu-se o vértice da Igreja católica: 2.427 bispos na sessão de abertura. O número dos assessores saltou de 419, na fase preparatória, para 1.964, no último período. Eram teólogos, biblistas, canonistas, liturgistas, pastoralistas, historiadores, filósofos, literatos. As maiores mentes da Igreja católica no século XX. Muitos eram especialistas em questões muito particulares e de particular dificuldade. Então, não se desencoraje quando não entender nada ou quando entender errado pensando que entendeu certo. Não se abandona uma prova de cem questões porque não se sabe uma ou duas ou dez ou quarenta e nove respostas.

O caminho de tanto em tanto é íngreme. Nestas horas, pense nos trilheiros cuja diversão é enfrentar obstáculos; lembre-se dos pioneiros que se embrenham nas matas, vadeiam rios, armam e levantam acampamentos, veem-se cara a cara com animais ferozes, derrubam florestas para plantar seu sonho; pense nos que fazem cerca de mil quilômetros para chegar a Santiago de Compostela; chame à memória os alpinistas mesmo sem nunca ter visto um; medite sobre as dificuldades e desafios superados pelos atletas. Algum antigo disse: "*Ad astra per aspra!*". Traduzindo: chega-se aos astros por meio de caminhos ásperos. Outros disseram: "*Ad astra per ardua*!". Chega-se aos astros por caminhos árduos. Ou então: "*Ad augusta per angusta*!". Aos lugares mais altos pelos sendeiros mais estreitos.

O caminho nem sempre é prazeroso. Venha cá. Quem lê com prazer uma bula de remédio, um manual de uso de um eletrodoméstico, certos capítulos do Levítico, as genealogias de Jesus, as rubricas do Missal romano? Podem não ser interessantes, mas são úteis, às vezes necessários. Pense no benefício, e você encara melhor o sacrifício. Em último caso, faça uma seleção, detenha-se mais num ponto, faça uma leitura dinâmica de outros. Mas saiba de uma coisa: a maior parte dos textos conciliares são interessantes, bonitos, motivadores, envolventes mesmo. Os padres conciliares tomaram o caminho certo quando se decidiram por usar uma linguagem sóbria, positiva, descritiva, exortativa, espiritual, mística. O amigo ou a amiga não entende todas as palavras? Faça o que me ensinaram, no ginásio de cinquenta anos atrás, os meus excelentes professores: tenha sempre ao lado um dicionário. Tive um colega, do Oiapoque, no extremo Norte do Brasil, que, depois de umas poucas aulas de alemão, leu todo um dicionário alemão-português. Louco ou gênio? Você decide.

Cansativo? Depende. Depende das metas, do método, do ritmo. Seja inteligente e humano consigo mesmo. Comece por um tema que para você é mais interessante. Leia aos poucos. Volte ao que você gostou mais. É como – do meu ponto de vista – ler a Bíblia. Não aconselho ninguém a começar pelo Gênesis; penso que se deva começar por Marcos. Não estranho que alguém diga que não consegue acompanhar Paulo em algumas de suas reflexões; Pedro sentia a mesma dificuldade. Dê-se metas possíveis, escolha os seus métodos, adapte a leitura ao seu ritmo. A respeito de ritmo: tanto a tartaruga como o guepardo chegam à meta. Você não precisa ser um guepardo nem uma tartaruga. Seja você mesmo.

Bom trabalho, boa leitura, bom proveito!

BIBLIOGRAFIA COMPLEMENTAR

ALBERIGO, G. *Ângelo José Roncalli, João XXIII*. São Paulo, Paulinas, 2000.
_____. *Breve história do Concílio Vaticano II*. Aparecida, Santuário, 2005.
_____; BEOZZO, J. O. (ed.). *História do Concílio Vaticano II*. 5 v. Petrópolis, Vozes, 1995ss.
BARAÚNA, G. (ed.). *A sagrada liturgia renovada pelo Concílio*. Petrópolis, Vozes, 1964.
ALMEIDA, A. J. *Novos Ministérios: a necessidade de uma salto à frente*. São Paulo, Paulinas, 2013.
_____. *A Igreja do Vaticano II*. Petrópolis, Vozes, 1966.
_____. *A Igreja no mundo de hoje*. Petrópolis, Vozes, 1967.
BARROS, R. C. *Para entender a Igreja no Brasil: a caminhada que culminou no Vaticano II (1930-1968)*. Petrópolis, Vozes, 1994.
BENIGNI, M; ZANCHI, G. *João XXIII. Biografia oficial para a beatificação do Papa Bom*. Apelação (Portugal), Paulus, s.d.
BEOZZO, J. O. *A Igreja do Brasil no Concílio Vaticano II: 1959-1965*. São Paulo, Paulinas, 2010.
CÂMARA, H. P. *Vaticano II: Correspondência Conciliar – Circulares à Família do São Joaquim*. Recife, Editora Universitária da UFPE, 2004.
DE BROUCKER, J. *As noites de um profeta: Dom Hélder Câmara no Vaticano II. Leitura das circulares conciliares de Dom Hélder Câmara (1962-1965)*. São Paulo: Paulus, 2008.
GAUTHIER, P. *O Concílio e a Igreja dos pobres*. Petrópolis, Vozes, 1967.
KLOPPENBURG, B. *Concílio Vaticano II*. 5 v. Petrópolis, Vozes, 1962-1966.
_____. *A eclesiologia do Vaticano II*. Petrópolis, Vozes, 1971.
LIBANIO, J. B. *Concílio Vaticano II: Em busca de uma primeira compreensão*. São Paulo: Loyola, 2005.
_____; VIGIL, J. M.; COMBLIN, J.; BEOZZO, J. O. *O Vaticano II: 40 anos depois*. São Paulo: Paulus, 2005.
LIMA, A. A. *O papa João XXIII*. Rio de Janeiro, José Olympio, 1966.
LOPES GONÇALVES, P. S.; BOMBONATTO, V. I. (ed.). *Concílio Vaticano II: análise e prospectivas*. São Paulo: Paulinas, 2004.

O'MALLEY, J. *O que aconteceu no Vaticano II?* São Paulo, Loyola, 2014.
ROCHA, Z. (ed.). *Helder, o Dom. Uma vida que marcou os rumos da Igreja no Brasil*. Petrópolis, Vozes, 1999.
ROXO, R. M. *O Concílio: teologia e renovação*. Petrópolis, Vozes, 1967.
SOUZA, L. A. G. *Do Vaticano II a um novo concílio? O olhar de um cristão leigo sobre a Igreja*. São Paulo, Loyola, 2004.
VIGIL, J. M. *Vivendo o Concílio*. São Paulo, Paulinas, 1987.